Colección de guías de conversación
"¡Todo irá bien!"

T&P Books Publishing

# GUÍA DE CONVERSACIÓN
## — HINDI —

I0163227

## LAS PALABRAS Y LAS FRASES MÁS ÚTILES

Esta Guía de Conversación contiene las frases y las preguntas más comunes necesitadas para una comunicación básica con extranjeros

Andrey Taranov

T&P BOOKS

**Guía de conversación + diccionario de 1500 palabras**

# Guía de conversación Español-Hindi y diccionario conciso de 1500 palabras

por Andrey Taranov

La colección de guías de conversación para viajar "Todo irá bien" publicada por T&P Books está diseñada para personas que viajan al extranjero para turismo y negocios. Las guías contienen lo más importante - los elementos esenciales para una comunicación básica. Éste es un conjunto de frases imprescindibles para "sobrevivir" mientras está en el extranjero.

Una otra sección del libro también ofrece un pequeño diccionario con más de 1.500 palabras útiles. El diccionario incluye muchos términos gastronómicos y será de gran ayuda para pedir los alimentos en un restaurante o comprando comestibles en la tienda.

T&P Books Publishing
www.tpbooks.com

ISBN: 978-1-78616-901-3

Este libro está disponible en formato electrónico o de E-Book también.
Visite www.tpbooks.com o las librerías electrónicas más destacadas en la Red.

# PREFACIO

La colección de guías de conversación para viajar "Todo irá bien" publicada por T&P Books está diseñada para personas que viajan al extranjero para turismo y negocios. Las guías contienen lo más importante - los elementos esenciales para una comunicación básica.Éste es un conjunto de frases imprescindibles para "sobrevivir" mientras está en el extranjero.

Esta guía de conversación le ayudará en la mayoría de los casos donde usted necesite pedir algo, conseguir direcciones, saber cuánto cuesta algo, etc. Puede también resolver situaciones difíciles de la comunicación donde los gestos no pueden ayudar.

Este libro contiene muchas frases que han sido agrupadas según los temas más relevantes. Una sección separada del libro también ofrece un pequeño diccionario con más de 1.500 palabras importantes y útiles.

Llévese la guía de conversación "Todo irá bien" en el camino y tendrá una insustituible compañera de viaje que le ayudará a salir de cualquier situación y le enseñará a no temer hablar con extranjeros.

# TABLA DE CONTENIDOS

T&P Books Publishing

# PRONUNCIACIÓN

| La letra | Ejemplo hindi | T&P alfabeto fonético | Ejemplo español |
|---|---|---|---|

## Las vocales

| | | | |
|---|---|---|---|
| अ | अक्सर | [a]; [ɑ], [ə] | radio; llave |
| आ | आगमन | [a:] | contraataque |
| इ | इनाम | [i] | ilegal |
| ई | ईश्वर | [i], [i:] | tranquilo |
| उ | उठना | [ʊ] | pulpo |
| ऊ | ऊपर | [u:] | jugador |
| ऋ | ऋग्वेद | [r, rʲ] | gritar |
| ए | एकता | [e:] | sexto |
| ऐ | ऐनक | [aj] | paisaje |
| ओ | ओला | [o:] | domicilio |
| औ | औरत | [au] | mausoleo |
| अं | अंजीर | [ŋ] | manga |
| अः | अ से अः | [h] | registro |
| ऑ | ऑफिस | [ɒ] | paralelo |

## Las consonantes

| | | | |
|---|---|---|---|
| क | कमरा | [k] | charco |
| ख | खिड़की | [kh] | [k] aspirada |
| ग | गरज | [g] | jugada |
| घ | घर | [gh] | [g] aspirada |
| ङ | डाकू | [n] | manga |
| च | चक्कर | [t͡ʃ] | mapache |
| छ | छात्र | [t͡ʃh] | [tsch] aspirado |
| ज | जाना | [d͡ʒ] | jazz |
| झ | झलक | [d͡ʒ] | jazz |
| ञ | विज्ञान | [ɲ] | leña |
| ट | मटर | [t] | torre |
| ठ | ठेका | [th] | [t] aspirada |
| ड | डंडा | [d] | desierto |
| ढ | ढलान | [d] | desierto |
| ण | क्षण | [n] | La nasal retrofleja |
| त | ताकत | [t] | torre |

| La letra | Ejemplo hindi | T&P alfabeto fonético | Ejemplo español |
|---|---|---|---|
| थ | थकना | [th] | [t] aspirada |
| द | दरवाज़ा | [d] | desierto |
| ध | धोना | [d] | desierto |
| न | नाई | [n] | sonar |
| प | पिता | [p] | precio |
| फ | फल | [f] | golf |
| ब | बच्चा | [b] | en barco |
| भ | भाई | [b] | en barco |
| म | माता | [m] | nombre |
| य | याद | [j] | asiento |
| र | रीछ | [r] | era, alfombra |
| ल | लाल | [l] | lira |
| व | वचन | [v] | travieso |
| श | शिक्षक | [ʃ] | shopping |
| ष | भाषा | [ʃ] | shopping |
| स | सोना | [s] | salva |
| ह | हज़ार | [h] | registro |

## Las consonantes adicionales

| | | | |
|---|---|---|---|
| क़ | क़लम | [q] | catástrofe |
| ख़ | ख़बर | [h] | coger |
| ड़ | लड़का | [r] | era, alfombra |
| ढ़ | पढ़ना | [r] | era, alfombra |
| ग़ | ग़लती | [ɣ] | amigo, magnífico |
| ज़ | ज़िन्दगी | [z] | desde |
| झ़ | ट्रॅझर | [ʒ] | adyacente |
| फ़ | फ़ौज | [f] | golf |

# LISTA DE ABREVIATURAS

## Abreviatura en español

| | | |
|---|---|---|
| adj | - | adjetivo |
| adv | - | adverbio |
| anim. | - | animado |
| conj | - | conjunción |
| etc. | - | etcétera |
| f | - | sustantivo femenino |
| f pl | - | femenino plural |
| fam. | - | uso familiar |
| fem. | - | femenino |
| form. | - | uso formal |
| inanim. | - | inanimado |
| innum. | - | innumerable |
| m | - | sustantivo masculino |
| m pl | - | masculino plural |
| m, f | - | masculino, femenino |
| masc. | - | masculino |
| mat | - | matemáticas |
| mil. | - | militar |
| num. | - | numerable |
| p.ej. | - | por ejemplo |
| pl | - | plural |
| pron | - | pronombre |
| sg | - | singular |
| v aux | - | verbo auxiliar |
| vi | - | verbo intransitivo |
| vi, vt | - | verbo intransitivo, verbo transitivo |
| vr | - | verbo reflexivo |
| vt | - | verbo transitivo |

## Abreviatura en hindi

| | | |
|---|---|---|
| f | - | sustantivo femenino |
| f pl | - | femenino plural |
| m | - | sustantivo masculino |
| m pl | - | masculino plural |

T&P BOOKS

# GUÍA DE CONVERSACIÓN HINDI

Esta sección contiene frases importantes que pueden resultar útiles en varias situaciones de la vida real. La Guía le ayudará a pedir direcciones, aclaración sobre precio, comprar billetes, y pedir alimentos en un restaurante

T&P Books Publishing

# CONTENIDO DE LA GUÍA DE CONVERSACIÓN

T&P Books Publishing

| | |
|---|---|
| Perdone, ... | माफ़ कीजिएगा, ...<br>māf kījiega, ... |
| Hola. | नमस्कार।<br>namaskār. |
| Gracias. | शुक्रिया।<br>shukriya. |
| Sí. | हाँ।<br>hān. |
| No. | नहीं।<br>nahin. |
| No lo sé. | मुझे नहीं मालूम।<br>mujhe nahin mālūm. |
| ¿Dónde? \| ¿A dónde? \| ¿Cuándo? | कहाँ? \| कहाँ जाना है? \| कब?<br>kahān? \| kahān jāna hai? \| kab? |
| Necesito ... | मुझे ... चाहिए।<br>mujhe ... chāhie. |
| Quiero ... | मैं ... चाहता /चाहती/ हूँ।<br>main ... chāhata /chāhatī/ hūn. |
| ¿Tiene ...? | क्या आपके पास ... है?<br>kya āpake pās ... hai? |
| ¿Hay ... por aquí? | क्या यहाँ ... है?<br>kya yahān ... hai? |
| ¿Puedo ...? | क्या मैं ... सकता /सकती/ हूँ?<br>kya main ... sakata /sakatī/ hūn? |
| ..., por favor? (petición educada) | ..., कृपया।<br>..., krpaya. |
| Busco ... | मैं ... ढूंढ रहा /रही/ हूँ।<br>main ... dhūnrh raha /rahī/ hūn. |
| el servicio | शौचालय<br>shauchālay |
| un cajero automático | एटीएम<br>etīem |
| una farmacia | दवा की दुकान<br>dava kī dukān |
| el hospital | अस्पताल<br>aspatāl |
| la comisaría | पुलिस थाना<br>pulis thāna |
| el metro | मेट्रो<br>metro |

| | |
|---|---|
| un taxi | टैक्सी<br>taiksī |
| la estación de tren | ट्रेन स्टेशन<br>tren steshan |

| | |
|---|---|
| Me llamo … | मेरा नाम ... है।<br>mera nām ... hai |
| ¿Cómo se llama? | आपका क्या नाम है?<br>āpaka kya nām hai? |
| ¿Puede ayudarme, por favor? | क्या आप मेरी मदद कर सकते<br>/सकती/ हैं?<br>kya āp merī madad kar sakate<br>/sakatī/ hain? |
| Tengo un problema. | मुझे एक परेशानी है।<br>mujhe ek pareshānī hai. |
| Me encuentro mal. | मेरी तबियत ठीक नहीं है।<br>merī tabiyat thīk nahin hai. |
| ¡Llame a una ambulancia! | एम्बुलेन्स बुलाओ!<br>embulens bulao! |
| ¿Puedo llamar, por favor? | क्या मैं एक फ़ोन कर सकता<br>/सकती/ हूँ?<br>kya main ek fon kar sakata<br>/sakatī/ hūn? |

| | |
|---|---|
| Lo siento. | मुझे माफ़ करना।<br>mujhe māf kar do. |
| De nada. | आपका स्वागत है।<br>āpaka svāgat hai. |

| | |
|---|---|
| Yo | मैं<br>main |
| tú | तू<br>tu |
| él | वह<br>vah |
| ella | वह<br>vah |
| ellos | वे<br>ve |
| ellas | वे<br>ve |
| nosotros /nosotras/ | हम<br>ham |
| ustedes, vosotros | तुम<br>tum |
| usted | आप<br>āp |

| | |
|---|---|
| ENTRADA | प्रवेश<br>pravesh |
| SALIDA | निकास<br>nikās |

FUERA DE SERVICIO     ख़राब है
kharāb hai

CERRADO     बंद
band

ABIERTO     खुला
khula

PARA SEÑORAS     महिलाओं के लिए
mahilaon ke lie

PARA CABALLEROS     पुरूषों के लिए
purūshon ke lie

# Preguntas

| | |
|---|---|
| ¿Dónde? | कहाँ?<br>kahān? |
| ¿A dónde? | कहाँ जाना है?<br>kahān jāna hai? |
| ¿De dónde? | कहाँ से?<br>kahān se? |
| ¿Por qué? | क्यों?<br>kyon? |
| ¿Con que razón? | किस वजह से?<br>kis vajah se? |
| ¿Cuándo? | कब?<br>kab? |
| ¿Cuánto tiempo? | कितना समय लगेगा?<br>kitana samay lagega? |
| ¿A qué hora? | कितने बजे?<br>kitane baje? |
| ¿Cuánto? | कितना?<br>kitana? |
| ¿Tiene ...? | क्या आपके पास ... है?<br>kya āpake pās ... hai? |
| ¿Dónde está ...? | ... कहाँ है?<br>... kahān hai? |
| ¿Qué hora es? | क्या बजा है?<br>kya baja hai? |
| ¿Puedo llamar, por favor? | क्या मैं एक फ़ोन कर सकता<br>/सकती/ हूँ?<br>kya main ek fon kar sakata<br>/sakatī/ hūn? |
| ¿Quién es? | कौन है?<br>kaun hai? |
| ¿Se puede fumar aquí? | क्या मैं यहाँ सिगरेट पी सकता<br>/सकती/ हूँ?<br>kya main yahān sigaret pī sakata<br>/sakatī/ hūn? |
| ¿Puedo ...? | क्या मैं ... सकता /सकती/ हूँ?<br>kya main ... sakata /sakatī/ hūn? |

## Necesidades

| | |
|---|---|
| Quisiera … | मुझे ... चाहिए।<br>mujhe ... chāhie. |
| No quiero … | मुझे ... नहीं चाहिए।<br>mujhe ... nahin chāhie. |
| Tengo sed. | मुझे प्यास लगी है।<br>mujhe pyās lagī hai. |
| Tengo sueño. | मैं सोना चाहता /चाहती/ हूँ।<br>main sona chāhata /chāhatī/ hūn. |

| | |
|---|---|
| Quiero … | मैं ... चाहता /चाहती/ हूँ।<br>main ... chāhata /chāhatī/ hūn. |
| lavarme | हाथ-मुँह धोना<br>hāth-munh dhona |
| cepillarme los dientes | दाँत ब्रश करना<br>dānt brash karana |
| descansar un momento | कुछ समय आराम करना<br>kuchh samay ārām karana |
| cambiarme de ropa | कपड़े बदलना<br>kapare badalana |

| | |
|---|---|
| volver al hotel | होटल वापस जाना<br>hotal vāpas jāna |
| comprar … | ... खरीदना<br>... kharīdana |
| ir a … | ... जाना<br>... jāna |
| visitar … | ... जाना<br>... jāna |
| quedar con … | ... से मिलने जाना<br>... se milane jāna |
| hacer una llamada | फ़ोन करना<br>fon karana |

| | |
|---|---|
| Estoy cansado /cansada/. | मैं थक गया /गई/ हूँ।<br>main thak gaya /gaī/ hūn. |
| Estamos cansados /cansadas/. | हम थक गए हैं।<br>ham thak gae hain. |
| Tengo frío. | मुझे सर्दी लग रही है।<br>mujhe sardī lag rahī hai. |
| Tengo calor. | मुझे गर्मी लग रही है।<br>mujhe garmī lag rahī hai. |
| Estoy bien. | मैं ठीक हूँ।<br>main thīk hūn. |

Tengo que hacer una llamada.     मुझे फ़ोन करना है।
mujhe fon karana hai.

Necesito ir al servicio.     मुझे शौचालय जाना है।
mujhe shauchālay jāna hai.

Me tengo que ir.     मुझे जाना है।
mujhe jāna hoga.

Me tengo que ir ahora.     मुझे अब जाना होगा।
mujhe ab jāna hoga.

## Preguntar por direcciones

| | |
|---|---|
| Perdone, ... | माफ़ कीजिएगा, ...<br>māf kījiega, ... |
| ¿Dónde está ...? | ... कहाँ है?<br>... kahān hai? |
| ¿Por dónde está ...? | ... कहाँ पड़ेगा?<br>... kahān parega? |
| ¿Puede ayudarme, por favor? | क्या आप मेरी मदद करेंगे /करेंगी/, प्लीज़?<br>kya āp merī madad karenge /karengī/, plīz? |
| Busco ... | मैं ... ढूंढ रहा /रही/ हूँ.<br>main ... dhūnrh raha /rahī/ hūn. |
| Busco la salida. | मैं बाहर निकलने का रास्ता ढूंढ रहा /रही/ हूँ.<br>main bāhar nikalane ka rāsta dhūnrh raha /rahī/ hūn. |
| Voy a ... | मैं ... जा रहा /रही/ हूँ.<br>main ... ja raha /rahī/ hūn. |
| ¿Voy bien por aquí para ...? | क्या मैं ...जाने के लिए सही रास्ते पर हूँ?<br>kya main ... jāne ke lie sahī rāste par hūn? |
| ¿Está lejos? | क्या वह दूर है?<br>kya vah dūr hai? |
| ¿Puedo llegar a pie? | क्या मैं वहाँ पैदल जा सकता /सकती/ हूँ?<br>kya main vahān paidal ja sakata /sakatī/ hūn? |
| ¿Puede mostrarme en el mapa? | क्या आप मुझे नक्शे पर दिखा सकते /सकती/ हैं?<br>kya āp mujhe nakshe par dikha sakate /sakatī/ hain? |
| Por favor muestreme dónde estamos. | मुझे दिखाईये कि हम इस वक्त कहाँ हैं.<br>mujhe dikhaīye ki ham is vakt kahān hain. |
| Aquí | यहाँ<br>yahān |
| Allí | वहाँ<br>vahān |
| Por aquí | इस तरफ़<br>is taraf |

| | |
|---|---|
| Gire a la derecha. | दायें मुड़ें।<br>dāyen muren. |
| Gire a la izquierda. | बायें मुड़ें।<br>bāyen muren. |
| la primera (segunda, tercera) calle | पहला (दूसरा, तीसरा) मोड़<br>pahala (dūsara, tīsara) mor |
| a la derecha | दाईं ओर<br>daīn or |
| a la izquierda | बाईं ओर<br>baīn or |
| Siga recto. | सीधे जाएं।<br>sīdhe jaen. |

## Carteles

| | |
|---|---|
| ¡BIENVENIDO! | स्वागत!<br>svāgat! |
| ENTRADA | प्रवेश<br>pravesh |
| SALIDA | निकास<br>nikās |
| EMPUJAR | पुश, धकेलिए<br>push, dhakelie |
| TIRAR | पुल, खींचिए<br>pul, khīnchie |
| ABIERTO | खुला<br>khula |
| CERRADO | बंद<br>band |
| PARA SEÑORAS | महिलाओं के लिए<br>mahilaon ke lie |
| PARA CABALLEROS | पुरूषों के लिए<br>purūshon ke lie |
| CABALLEROS | पुरूष<br>purūsh |
| SEÑORAS | महिलाएं<br>mahilaen |
| REBAJAS | छूट<br>chhūt |
| VENTA | सेल<br>sel |
| GRATIS | मुफ्त<br>muft |
| ¡NUEVO! | नया!<br>naya! |
| ATENCIÓN | ध्यान दें!<br>dhyān den! |
| COMPLETO | कोई कमरा खाली नहीं है<br>koī naukarī nahin hai |
| RESERVADO | रिज़र्वड<br>rizarvad |
| ADMINISTRACIÓN | प्रबंधन<br>prabandhan |
| SÓLO PERSONAL AUTORIZADO | केवल स्टाफ़<br>keval stāf |

| | |
|---|---|
| CUIDADO CON EL PERRO | कुत्ते से बचकर रहें!<br>kutte se bachakar rahen! |
| NO FUMAR | नो स्मोकिंग!<br>no smoking! |
| NO TOCAR | हाथ न लगाएं!<br>hāth na lagaen! |

| | |
|---|---|
| PELIGROSO | खतरनाक<br>khataranāk |
| PELIGRO | खतरा<br>khatara |
| ALTA TENSIÓN | हाई वोल्टेज<br>haī voltej |
| PROHIBIDO BAÑARSE | स्वीमिंग की अनुमति नहीं है!<br>svīming kī anumati nahin hai! |

| | |
|---|---|
| FUERA DE SERVICIO | ख़राब है<br>kharāb hai |
| INFLAMABLE | ज्वलनशील<br>jvalanashīl |
| PROHIBIDO | मनाही<br>manāhī |
| PROHIBIDO EL PASO | प्रवेश निषेध!<br>yahān āne kī sakht manāhī hai! |
| RECIÉN PINTADO | गीला पेंट<br>gīla pent |

| | |
|---|---|
| CERRADO POR RENOVACIÓN | मरम्मत के लिए बंद<br>marammat ke lie band |
| EN OBRAS | आगे कार्य प्रगित पर है<br>āge kāry pragit par hai |
| DESVÍO | डीटूर<br>dītur |

## Transporte. Frases generales

el avión
हवाई जहाज़
havaī jahāz

el tren
रेलगाड़ी, ट्रेन
relagāṛī, tren

el bus
बस
bas

el ferry
फेरी
ferī

el taxi
टैक्सी
taiksī

el coche
कार
kār

el horario
शिड्यूल
shidyūl

¿Dónde puedo ver el horario?
मैं शिड्यूल कहां देख सकता /सकती/ हूँ?
main shidyūl kahān dekh sakata /sakatī/ hūn?

días laborables
कार्यदिवस
kāryadivas

fines de semana
ससाहांत
saptāhānt

días festivos
छुट्टियां
chhuttiyān

SALIDA
प्रस्थान
prasthān

LLEGADA
आगमन
āgaman

RETRASADO
देरी
derī

CANCELADO
रद्द
radd

siguiente (tren, etc.)
अगला
agala

primero
पहला
pahala

último
अंतिम
antim

| | |
|---|---|
| ¿Cuándo pasa el siguiente …? | अगला ... कब है?<br>agala ... kab hai? |
| ¿Cuándo pasa el primer …? | पहला ... कब है?<br>pahala ... kab hai? |
| ¿Cuándo pasa el último …? | अंतिम ... कब है?<br>antim ... kab hai? |

| | |
|---|---|
| el trasbordo (cambio de trenes, etc.) | ट्रेन बदलना<br>tren badalana |
| hacer un trasbordo | ट्रेन कैसे बदलें<br>tren kaise badalen |
| ¿Tengo que hacer un trasbordo? | क्या मुझे ट्रेन बदलनी पड़गी?<br>kya mujhe tren badalanī paragī? |

## Comprar billetes

| | |
|---|---|
| ¿Dónde puedo comprar un billete? | मैं टिकटें कहाँ खरीद सकता /सकती/ हूँ?<br>main tikaten kahān kharīd sakata /sakatī/ hūn? |
| el billete | टिकट<br>tikat |
| comprar un billete | टिकट खरीदना<br>tikat kharīdana |
| precio del billete | टिकट का दाम<br>tikat ka dām |
| ¿Para dónde? | कहाँ जाना है?<br>kahān jāna hai? |
| ¿A qué estación? | कौन-से स्टेशन के लिए?<br>kaun-se steshan ke lie? |
| Necesito ... | मुझे ... चाहिए।<br>mujhe ... chāhie. |
| un billete | एक टिकट<br>ek tikat |
| dos billetes | दो टिकट<br>do tikat |
| tres billetes | तीन टिकट<br>tīn tikat |
| sólo ida | एक तरफ़<br>ek taraf |
| ida y vuelta | राउंड ट्रिप<br>raund trip |
| en primera (primera clase) | फर्स्ट क्लास<br>farst klās |
| en segunda (segunda clase) | सेकेंड क्लास<br>sekend klās |
| hoy | आज<br>āj |
| mañana | कल<br>kal |
| pasado mañana | कल के बाद वाला दिन<br>kal ke bād vāla din |
| por la mañana | सुबह में<br>subah men |
| por la tarde | दोपहर में<br>dopahar men |
| por la noche | शाम में<br>shām men |

asiento de pasillo

आयल सीट
āyal sīt

asiento de ventanilla

खिड़की वाली सीट
khirakī vālī sīt

¿Cuánto cuesta?

कितना?
kitana?

¿Puedo pagar con tarjeta?

क्या मैं क्रेडिट कार्ड से पे कर
सकता /सकती/ हूँ?
kya main kredit kārd se pe kar
sakata /sakatī/ hūn?

## Autobús

| | |
|---|---|
| el autobús | बस<br>bas |
| el autobús interurbano | अंतरराज्यीय बस<br>antararājyīy bas |
| la parada de autobús | बस-स्टॉप<br>bas-stop |
| ¿Dónde está la parada<br>de autobuses más cercana? | सबसे करीबी बस-स्टॉप कहाँ है?<br>sabase karībī bas-stop kahān hai? |
| número | नंबर<br>nambar |
| ¿Qué autobús tengo que tomar para ...? | ... जाने के लिए कौन-सी<br>बस लेनी होगी?<br>... jāne ke lie kaun-sī<br>bas lenī hogī? |
| ¿Este autobús va a ...? | क्या यह बस ... जाती है?<br>kya yah bas ... jātī hai? |
| ¿Cada cuanto pasa el autobús? | बसें कितनी जल्दी-जल्दी आती हैं?<br>basen kitanī jaldī-jaldī ātī hain? |
| cada 15 minutos | हर पंद्रह मिनट<br>har pandrah minat |
| cada media hora | हर आधा घंटा<br>har ādha ghanta |
| cada hora | हर घंटा<br>har ghanta |
| varias veces al día | दिन में कई बार<br>din men kaī bār |
| ... veces al día | दिन में ... बार<br>din men ... bār |
| el horario | शिड्यूल<br>shidyūl |
| ¿Dónde puedo ver el horario? | मैं शिड्यूल कहाँ देख सकता<br>/सकती/ हूँ?<br>main shidyūl kahān dekh sakata<br>/sakatī/ hūn? |
| ¿Cuándo pasa el siguiente autobús? | अगली बस कब है?<br>agalī bas kab hai? |
| ¿Cuándo pasa el primer autobús? | पहली बस कब है?<br>pahalī bas kab hai? |
| ¿Cuándo pasa el último autobús? | आखिरी बस कब है?<br>ākhirī bas kab hai? |

la parada

स्टॉप
stop

la siguiente parada

अगला स्टॉप
agala stop

la última parada

आखिरी स्टॉप
ākhirī stop

Pare aquí, por favor.

रोक दें, प्लीज़।
yahān roken, plīz.

Perdone, esta es mi parada.

माफ़ कीजिएगा, यह मेरा स्टॉप है।
māf kījiega, yah mera stop hai.

# Tren

| | |
|---|---|
| el tren | रेलगाड़ी, ट्रेन<br>relagāṛī, tren |
| el tren de cercanías | लोकल ट्रेन<br>lokal tren |
| el tren de larga distancia | लंबी दूरी की ट्रेन<br>lambī dūrī kī tren |
| la estación de tren | ट्रेन स्टेशन<br>tren steshan |
| Perdone, ¿dónde está la salida al anden? | माफ़ कीजिएगा, प्लेटफॉर्म से निकलने का रास्ता कहाँ है?<br>māf kījiega, pletaform se nikalane ka rāsta kahān hai? |

| | |
|---|---|
| ¿Este tren va a ...? | क्या यह ट्रेन ... जाती है?<br>kya yah tren ... jātī hai? |
| el siguiente tren | अगली ट्रेन<br>agalī tren |
| ¿Cuándo pasa el siguiente tren? | अगली ट्रेन कब है?<br>agalī tren kab hai? |
| ¿Dónde puedo ver el horario? | मैं शिड्यूल कहाँ देख सकता /सकती/ हूँ?<br>main shidyūl kahān dekh sakata /sakatī/ hūn? |
| ¿De qué andén? | कौन-से प्लेटफॉर्म से?<br>kaun-se pletaform se? |
| ¿Cuándo llega el tren a ...? | ... में ट्रेन कब पहुंचती है?<br>... men tren kab pahunchatī hai? |

| | |
|---|---|
| Ayudeme, por favor. | कृपया मेरी मदद करें।<br>kṛpaya merī madad karen. |
| Busco mi asiento. | मैं अपनी सीट ढूंढ रहा /रही/ हूँ।<br>main apanī sīt dhūnrh raha /rahī/ hūn. |
| Buscamos nuestros asientos. | हम अपनी सीट ढूंढ रहे हैं।<br>ham apanī sīt dhūnrh rahe hain. |
| Mi asiento está ocupado. | मेरी सीट पर कोई और बैठा है।<br>merī sīt par koī aur baitha hai. |
| Nuestros asientos están ocupados. | हमारी सीटों पर कोई और बैठा है।<br>hamārī sīton par koī aur baitha hai. |
| Perdone, pero ese es mi asiento. | माफ़ कीजिएगा, लेकिन यह मेरी सीट है।<br>māf kījiega, lekin yah merī sīt hai. |

¿Está libre?

क्या इस सीट पर कोई बैठा है?
kya is sīt par koī baitha hai?

¿Puedo sentarme aquí?

क्या मैं यहाँ बैठ सकता
/सकती/ हूँ?
kya main yahān baith sakata
/sakatī/ hūn?

## En el tren. Diálogo (Sin billete)

| | |
|---|---|
| Su billete, por favor. | टिकट, कृपया।<br>tikat, krpāya. |
| No tengo billete. | मेरे पास टिकट नहीं है।<br>mere pās tikat nahin hai. |
| He perdido mi billete. | मेरा टिकट खो गया।<br>mera tikat kho gaya. |
| He olvidado mi billete en casa. | मैं अपना टिकट घर पर भूल<br>गया /गई/।<br>main apana tikat ghar par bhūl<br>gaya /gaī/. |

| | |
|---|---|
| Le puedo vender un billete. | आप मुझे एक टिकट दे दें।<br>āp mujhe ek tikat de den. |
| También deberá pagar una multa. | आपको फाइन भी भरना होगा।<br>āpako fain bhī bharana hoga. |
| Vale. | ठीक है।<br>thīk hai. |
| ¿A dónde va usted? | आप कहाँ जा रहे /रही/ हैं?<br>āp kahān ja rahe /rahī/ hain? |
| Voy a ... | मैं ... जा रहा /रही/ हूँ।<br>main ... ja raha /rahī/ hūn. |

| | |
|---|---|
| ¿Cuánto es? No lo entiendo. | कितना? मैं समझी /समझी/ नहीं।<br>kitana? main samajhī /samajhī/ nahin. |
| Escríbalo, por favor. | इसे लिख दीजिए, प्लीज़।<br>ise likh dījie, plīz. |
| Vale. ¿Puedo pagar con tarjeta? | ठीक है। क्या मैं क्रेडिट कार्ड से पे<br>कर सकता /सकती/ हूँ?<br>thīk hai. kya main kredit kārd se pe<br>kar sakata /sakatī/ hūn? |
| Sí, puede. | हाँ, आप कर सकते हैं।<br>hān, āp kar sakate hain. |

| | |
|---|---|
| Aquí está su recibo. | यह रही आपकी रसीद।<br>yah rahī āpakī rasīd. |
| Disculpe por la multa. | फाइन के बारे में माफ़ कीजिएगा।<br>fain ke bāre men māf kījiega. |
| No pasa nada. Fue culpa mía. | कोई बात नहीं। वह मेरी गलती थी।<br>koī bāt nahin. vah merī galatī thī. |
| Disfrute su viaje. | अपनी यात्रा का आनंद लें।<br>apanī yātra ka ānand len. |

# Taxi

taxi
टैक्सी
taiksī

taxista
टैक्सी चलाने वाला
taiksī chalāne vāla

coger un taxi
टैक्सी पकड़ना
taiksī pakarana

parada de taxis
टैक्सी स्टैंड
taiksī staind

¿Dónde puedo coger un taxi?
मुझे टैक्सी कहां मिलेगी?
mujhe taiksī kahān milegī?

llamar a un taxi
टैक्सी बुलाना
taiksī bulāna

Necesito un taxi.
मुझे टैक्सी चाहिए।
mujhe taiksī chāhie.

Ahora mismo.
अभी।
abhī.

¿Cuál es su dirección?
आपका पता क्या है?
āpaka pata kya hai?

Mi dirección es ...
मेरा पता है ...
mera pata hai ...

¿Cuál es el destino?
आपको कहाँ जाना है?
āpako kahān jāna hai?

Perdone, ...
माफ़ कीजिएगा, ...
māf kījiega, ...

¿Está libre?
क्या टैक्सी खाली है?
kya taiksī khālī hai?

¿Cuánto cuesta ir a ...?
... जाने के लिए कितना लगेगा?
... jāne ke lie kitana lagega?

¿Sabe usted dónde está?
क्या आपको पता है वह कहाँ है?
kya āpako pata hai vah kahān hai?

Al aeropuerto, por favor.
एयरपोर्ट, प्लीज़।
eyaraport, plīz.

Pare aquí, por favor.
यहाँ रोकें, प्लीज़।
rok den, plīz.

No es aquí.
यहाँ नहीं है।
yahān nahin hai.

La dirección no es correcta.
यह गलत पता है।
yah galat pata hai.

Gire a la izquierda.
बायें मुड़ें।
bāyen muren.

Gire a la derecha.
दायें मुड़ें।
dāyen muren.

| | |
|---|---|
| ¿Cuánto le debo? | मुझे आपको कितने पैसे देने हैं?<br>mujhe āpako kitane paise dene hain? |
| ¿Me da un recibo, por favor? | मैं एक रसीद चाहिए, प्लीज़।<br>main ek rasīd chāhie, plīz. |
| Quédese con el cambio. | छुट्टे रख लें।<br>chhutte rakh len. |

| | |
|---|---|
| Espéreme, por favor. | क्या आप मेरा इंतज़ार /करेंगे/ करेंगी?<br>kya āp mera intazār /karenge/ karengī? |
| cinco minutos | पाँच मिनट<br>pānch minat |
| diez minutos | दस मिनट<br>das minat |
| quince minutos | पंद्रह मिनट<br>pandrah minat |
| veinte minutos | बीस मिनट<br>bīs minat |
| media hora | आधा घंटा<br>ādhe ghante |

# Hotel

| | |
|---|---|
| Hola. | नमस्कार।<br>namaskār. |
| Me llamo … | मेरा नाम … है<br>mera nām … hai |
| Tengo una reserva. | मैंने बुकिंग की थी।<br>mainne buking kī thī. |
| Necesito … | मुझे … चाहिए।<br>mujhe … chāhie. |
| una habitación individual | एक सिंगल कमरा<br>ek singal kamara |
| una habitación doble | एक डबल कमरा<br>ek dabal kamara |
| ¿Cuánto cuesta? | यह कितने का है?<br>yah kitane ka hai? |
| Es un poco caro. | यह थोड़ा महंगा है।<br>yah thora mahanga hai. |
| ¿Tiene alguna más? | क्या आपके पास कुछ और है?<br>kya āpake pās kuchh aur hai? |
| Me quedo. | मैं यह ले लूँगा /लूँगी/।<br>main yah le lūnga /lūngī/. |
| Pagaré en efectivo. | मैं नकद दूंगा /दूँगी/।<br>main nakad dūnga /dūngī/. |
| Tengo un problema. | मुझे एक परेशानी है।<br>mujhe ek pareshānī hai. |
| Mi … no funciona. | मेरा … टूटा हुआ है।<br>mera … tūta hua hai. |
| Mi … está fuera de servicio. | मेरा … ख़राब है।<br>mera … kharāb hai. |
| televisión | टीवी<br>tīvī |
| aire acondicionado | एयरकंडिशनर<br>eyarakandishanar |
| grifo | नल<br>nal |
| ducha | शॉवर<br>shovar |
| lavabo | बेसिन<br>besin |
| caja fuerte | तिजोरी<br>tijorī |

| | |
|---|---|
| cerradura | दरवाज़े का ताला |
| | daravāze ka tāla |
| enchufe | सॉकेट |
| | soket |
| secador de pelo | हेयर ड्रायर |
| | heyar drāyar |

| | |
|---|---|
| No tengo … | … नहीं है |
| | … nahin hai |
| agua | पानी |
| | pānī |
| luz | लाइट |
| | lait |
| electricidad | बिजली |
| | bijalī |

| | |
|---|---|
| ¿Me puede dar …? | … दे सकते /सकती/ हैं? |
| | de sakate /sakatī/ hain? |
| una toalla | तौलिया |
| | tauliya |
| una sábana | कम्बल |
| | kambal |
| unas chanclas | चप्पल |
| | chappal |
| un albornoz | रोब |
| | rob |
| un champú | शैम्पू |
| | shaimpū |
| jabón | साबुन |
| | sābun |

| | |
|---|---|
| Quisiera cambiar de habitación. | मुझे अपना कमरा बदलना है| |
| | mujhe apana kamara badalana hai. |
| No puedo encontrar mi llave. | मुझे चाबी नहीं मिल रही है| |
| | mujhe chābī nahin mil rahī hai. |
| Por favor abra mi habitación. | क्या आप मेरा कमरा खोल सकते /सकती/ हैं? |
| | kya āp mera kamara khol sakate /sakatī/ hain? |
| ¿Quién es? | कौन है? |
| | kaun hai? |
| ¡Entre! | अंदर आ जाओ| |
| | andar ā jao! |
| ¡Un momento! | एक मिनट| |
| | ek minat! |

| | |
|---|---|
| Ahora no, por favor. | अभी नहीं, प्लीज़| |
| | abhī nahin, plīz. |
| Venga a mi habitación, por favor. | कृपया मेरे कमरे में आईये| |
| | kŗpaya mere kamare men āīye. |

Quisiera hacer un pedido.

मैं फूड सर्विस ऑर्डर करना चाहता
/चाहती/ हूँ।
main fūd sarvis ordar karana chāhata
/chāhatī/ hūn.

Mi número de habitación es …

मेरा कमरा नंबर है …
mera kamara nambar hai …

Me voy …

मैं … जा रहा /रही/ हूँ।
main … ja raha /rahī/ hūn.

Nos vamos …

हम … जा रहे हैं।
ham … ja rahe hain.

Ahora mismo

अभी
abhī

esta tarde

आज दोपहर
āj dopahar

esta noche

आज रात
āj rāt

mañana

कल
kal

mañana por la mañana

कल सुबह
kal subah

mañana por la noche

कल शाम
kal shām

pasado mañana

कल के बाद वाला दिन
kal ke bād vāla din

Quisiera pagar la cuenta.

मैं भुगतान करना चाहता
/चाहती/ हूँ।
main bhugatān karana chāhata
/chāhatī/ hūn.

Todo ha estado estupendo.

सब कुछ बहुत अच्छा था।
sab kuchh bahut achchha tha.

¿Dónde puedo coger un taxi?

मुझे टैक्सी कहां मिलेगी?
mujhe taiksī kahān milegī?

¿Puede llamarme un taxi, por favor?

क्या आप मेरे लिए एक टैक्सी
बुला देंगे /देंगी/?
kya āp mere lie ek taiksī bula
denge /dengī/?

## Restaurante

¿Puedo ver el menú, por favor?

क्या आप अपना मेनू दिखा सकते हैं, प्लीज़?
kya āp apana menū dikha sakate hain, plīz?

Mesa para uno.

एक के लिए टेबल।
ek ke lie tebal

Somos dos (tres, cuatro).

हम दो (तीन, चार) लोग हैं।
ham do (tīn, chār) log hain.

Para fumadores

स्मोकिंग
smoking

Para no fumadores

नो स्मोकिंग
no smoking

¡Por favor! (llamar al camarero)

एक्सक्यूज़ मी!
eksakyūz mī!

la carta

मेनू
menū

la carta de vinos

वाइन सूची
vain sūchī

La carta, por favor.

मेनू ले आईये प्लीज़।
menū le āīye plīz.

¿Está listo para pedir?

क्या आप ऑर्डर करने के लिए तैयार हैं?
kya āp ordar karane ke lie taiyār hain?

¿Qué quieren pedir?

आप क्या लेना चाहेंगी /चाहेंगी/?
āp kya lena chāhengī /chāhengī/?

Yo quiero ...

मेरे लिए ... ले आईए।
mere lie ... le āīe.

Soy vegetariano.

मैं शाकाहारी हूँ।
main shākāhārī hūn.

carne

माँस
māns

pescado

मछली
machhalī

verduras

सब्ज़ियाँ
sabziyān

¿Tiene platos para vegetarianos?

क्या आपके पास शाकाहारी पकवान हैं?
kya āpake pās shākāhārī pakavān hain?

No como cerdo.

मैं सूअर का गोश्त नहीं खाता /खाती/ हूँ।
main sūar ka gosht nahin khāta /khātī/ hūn.

Él /Ella/ no come carne.

वह माँस नहीं खाता /खाती/ है।
vah māns nahin khāta /khātī/ hai.

Soy alérgico a …

मुझे ... से अलर्जी है
mujhe ... se alarjī hai.

¿Me puede traer …, por favor?

क्या आप मेरे लिए ... ले आएंगे प्लीज़
kya āp mere lie ... le āenge plīz

sal | pimienta | azúcar

नमक । काली मिर्च । चीनी
namak | kālī mirch | chīnī

café | té | postre

कॉफ़ी । चाय । मीठा
kofī | chāy | mīthā

agua | con gas | sin gas

पानी । बुदबुदाने वाला पानी । सादा
pānī | budabudāne vāla pānī | sāda

una cuchara | un tenedor | un cuchillo

एक चम्मच । काँटा । चाकू
ek chammach | kānta | chākū

un plato | una servilleta

एक प्लेट । नैपकिन
ek plet | naipakin

¡Buen provecho!

अपने भोजन का आनंद लें!
apane bhojan ka ānand len!

Uno más, por favor.

एक और चाहिए।
ek aur chāhie.

Estaba delicioso.

वह अत्यंत स्वादिष्ट था।
vah atyant svādisht tha.

la cuenta | el cambio | la propina

चेक । छुट्टा । टिप
chek | chhutta | tip

La cuenta, por favor.

चेक प्लीज़।
chek plīz.

¿Puedo pagar con tarjeta?

क्या मैं क्रेडिट कार्ड से पे कर
सकता /सकती/ हूँ
kya main kredit kārd se pe kar sakata
/sakatī/ hūn?

Perdone, aquí hay un error.

माफ़ कीजिएगा, यहाँ कुछ गलती है।
māf kījiega, yahān kuchh galatī hai.

# De Compras

¿Puedo ayudarle?

क्या मैं आपकी मदद कर सकता /सकती/ हूँ?
kya main āpakī madad kar sakata /sakatī/ hūn?

¿Tiene ...?

क्या आपके पास ... है?
kya āpake pās ... hai?

Busco ...

मैं ... ढूंढ रहा /रही/ हूँ
main ... dhūnrh raha /rahī/ hūn.

Necesito ...

मुझे ... चाहिए।
mujhe ... chāhie.

Sólo estoy mirando.

मैं बस देख रहा /रही/ हूँ
main bas dekh raha /rahī/ hūn.

Sólo estamos mirando.

हम बस देख रहे हैं।
ham bas dekh rahe hain.

Volveré más tarde.

मैं बाद में वापिस आता /आती/ हूँ
main bād men vāpis āta /ātī/ hūn.

Volveremos más tarde.

हम बाद में वापिस आते हैं।
ham bād men vāpis āte hain.

descuentos | oferta

छूट । सेल
chhūt | sel

Por favor, enséñeme ...

क्या आप मुझे ... दिखाएंगे /दिखाएंगी/।
kya āp mujhe ... dikhaenge /dikhaengī/.

¿Me puede dar ..., por favor?

क्या आप मुझे ... देंगे /देंगी/।
kya āp mujhe ... denge /dengī/.

¿Puedo probarmelo?

क्या मैं इसे पहनकर देख सकता /सकती/ हूँ?
kya main ise pahanakar dekh sakata /sakatī/ hūn?

Perdone, ¿dónde están los probadores?

माफ़ कीजिएगा, ट्राय रूम कहाँ है?
māf kījiega, trāy rūm kahān hai?

¿Qué color le gustaría?

आपको कौन-सा रंग चाहिए?
āpako kaun-sa rang chāhie?

la talla | el largo

साइज़ । लंबाई
saiz | lambāī

¿Cómo le queda? (¿Está bien?)

यह कैसा फिट होता है?
yah kaisa fit hota hai?

¿Cuánto cuesta esto?

यह कितने का है?
yah kitane ka hai?

Es muy caro.

यह बहुत महंगा है।
yah bahut mahanga hai.

Me lo llevo.

मैं इसे ले लूँगा /लूँगी/।
main ise le lūnga /lūngī/.

Perdone, ¿dónde está la caja?

माफ़ कीजिएगा, पे कहाँ करना है?
māf kījiega, pe kahān karana hai?

¿Pagará en efectivo o con tarjeta?

क्या आप नक़द में पे करेंगे या क्रेडिट कार्ड से?
kya āp nakad men pe karenge ya kredit kārd se?

en efectivo | con tarjeta

नक़द में | क्रेडिट कार्ड से
nakad men | kredit kārd se

¿Quiere el recibo?

क्या आपको रसीद चाहिए?
kya āpako rasīd chāhie?

Sí, por favor.

हाँ, प्लीज़।
hān, plīz.

No, gracias.

नहीं, ज़रूरत नहीं।
nahin, zarūrat nahin.

Gracias. ¡Que tenga un buen día!

शुक्रिया। आपका दिन शुभ हो!
shukriya. āpaka din shubh ho!

## En la ciudad

| | |
|---|---|
| Perdone, por favor. | माफ़ कीजिएगा, ...<br>māf kījiega, ... |
| Busco ... | मैं ... ढूंढ रहा /रही/ हूँ।<br>main ... dhūnrh raha /rahī/ hūn. |
| el metro | मेट्रो<br>metro |
| mi hotel | अपना होटल<br>apana hotal |
| el cine | सिनेमा हॉल<br>sinema hol |
| una parada de taxis | टैक्सी स्टैंड<br>taiksī staind |
| un cajero automático | एटीएम<br>etīem |
| una oficina de cambio | मुद्रा विनिमय केंद्र<br>foran eksachenj ofis |
| un cibercafé | साइबर कैफ़े<br>saibar kaife |
| la calle ... | ... सड़क<br>... sarak |
| este lugar | यह जगह<br>yah jagah |

| | |
|---|---|
| ¿Sabe usted dónde está ...? | क्या आपको पता है कि ... कहाँ है?<br>kya āpako pata hai ki ... kahān hai? |
| ¿Cómo se llama esta calle? | यह कौन-सी सड़क है?<br>yah kaun-sī sarak hai? |
| Muestreme dónde estamos ahora. | मुझे दिखाईये कि हम इस वक्त कहाँ हैं।<br>mujhe dikhaīye ki ham is vakt kahān hain. |
| ¿Puedo llegar a pie? | क्या मैं वहाँ पैदल जा सकता /सकती/ हूँ?<br>kya main vahān paidal ja sakata /sakatī/ hūn? |
| ¿Tiene un mapa de la ciudad? | क्या आपके पास शहर का नक्शा है?<br>kya āpake pās shahar ka naksha hai? |

| | |
|---|---|
| ¿Cuánto cuesta la entrada? | अंदर जाने का टिकट कितने का है?<br>andar jāne ka tikat kitane ka hai? |
| ¿Se pueden hacer fotos aquí? | क्या मैं यहाँ फोटो खींच सकता /सकती/ हूँ?<br>kya main yahān foto khīnch sakata /sakatī/ hūn? |

¿Está abierto?

क्या यह जगह खुली है?
kya yah jagah khulī hai?

¿A qué hora abren?

आप इसे कब खोलते हैं?
āp ise kab kholate hain?

¿A qué hora cierran?

आप इसे कब बंद करते हैं?
āp ise kab band karate hain?

# Dinero

| | |
|---|---|
| dinero | पैसा<br>paisa |
| efectivo | नकद<br>nakad |
| billetes | पेपर मनी<br>pepar manī |
| monedas | सिक्के<br>sikke |
| la cuenta \| el cambio \| la propina | चेक \| छुट्टा \| टिप<br>chek \| chhutta \| tip |

| | |
|---|---|
| la tarjeta de crédito | क्रेडिट कार्ड<br>kredit kārd |
| la cartera | बटुआ<br>batua |
| comprar | खरीदना<br>kharīdana |
| pagar | भुगतान करना<br>bhugatān karana |
| la multa | फाइन<br>fain |
| gratis | मुफ्त<br>muft |

| | |
|---|---|
| ¿Dónde puedo comprar ...? | मैं ... कहा खरीद सकता<br>/सकती/ हूँ?<br>main ... kaha kharīd sakata<br>/sakatī/ hūn? |
| ¿Está el banco abierto ahora? | क्या बैंक इस वक्त खुला होगा?<br>kya baink is vakt khula hoga? |
| ¿A qué hora abre? | वह कब खुलता है?<br>vah kab khulata hai? |
| ¿A qué hora cierra? | वह कब बंद होता है?<br>vah kab band hota hai? |

| | |
|---|---|
| ¿Cuánto cuesta? | कितना?<br>kitana? |
| ¿Cuánto cuesta esto? | यह कितने का है?<br>yah kitane ka hai? |
| Es muy caro. | यह बहुत महंगा है।<br>yah bahut mahanga hai. |
| Perdone, ¿dónde está la caja? | माफ़ कीजिएगा, पे कहाँ करना है?<br>māf kījiega, pe kahān karana hai? |

La cuenta, por favor.

चेक, प्लीज़।
chek, plīz.

¿Puedo pagar con tarjeta?

क्या मैं क्रेडिट् कार्ड से पे कर
सकता /सकती/ हूँ?
kya main kredit kārd se pe kar
sakata /sakatī/ hūn?

¿Hay un cajero por aquí?

क्या यहाँ पास में एटीएम है?
kya yahān pās men eṭīem hai?

Busco un cajero automático.

मैं एटीएम ढूंढ रहा /रही/ हूँ।
main eṭīem dhūnrh raha /rahī/ hūn.

Busco una oficina de cambio.

मैं मुद्रा विनिमय केंद्र ढूंढ रहा
/रही/ हूँ।
main mudra vinimay kendr dhūnrh raha
/rahī/ hūn.

Quisiera cambiar ...

मैं ... बदलना चाहूँगा /चाहूँगी/।
main ... badalana chāhūngā /chāhūngī/.

¿Cuál es el tipo de cambio?

एक्सचेंज रेट क्या है?
eksachenj ret kya hai?

¿Necesita mi pasaporte?

क्या मुझे पासपोर्ट की ज़रूरत है?
kya mujhe pāsaport kī zarūrat hai?

# Tiempo

| | |
|---|---|
| ¿Qué hora es? | क्या बजा है?<br>kya baja hai? |
| ¿Cuándo? | कब?<br>kab? |
| ¿A qué hora? | कितने बजे?<br>kitane baje? |
| ahora \| luego \| después de … | अभी \| बाद में \| … के बाद<br>abhī \| bād men \| … ke bād |

| | |
|---|---|
| la una | एक बजे<br>ek baje |
| la una y cuarto | सवा एक बजे<br>sava ek baje |
| la una y medio | डेढ़ बजे<br>derh baje |
| las dos menos cuarto | पौने दो बजे<br>paune do baje |

| | |
|---|---|
| una \| dos \| tres | एक \| दो \| तीन<br>ek \| do \| tīn |
| cuatro \| cinco \| seis | चार \| पांच \| छह<br>chār \| pānch \| chhah |
| siete \| ocho \| nueve | सात \| आठ \| नौ<br>sāt \| āth \| nau |
| diez \| once \| doce | दस \| ग्यारह \| बारह<br>das \| gyārah \| bārah |

| | |
|---|---|
| en … | … में<br>… men |
| cinco minutos | पाँच मिनट<br>pānch minat |
| diez minutos | दस मिनट<br>das minat |
| quince minutos | पंद्रह मिनट<br>pandrah minat |
| veinte minutos | बीस मिनट<br>bīs minat |

| | |
|---|---|
| media hora | आधे घंटे<br>ādha ghanta |
| una hora | एक घंटे<br>ek ghante |
| por la mañana | सुबह में<br>subah men |

| por la mañana temprano | सुबह-सेवरे |
| | subah-sevare |
| esta mañana | इस सुबह |
| | is subah |
| mañana por la mañana | कल सुबह |
| | kal subah |

| al mediodía | दोपहर में |
| | dopahar men |
| por la tarde | दोपहर में |
| | dopahar men |
| por la noche | शाम में |
| | shām men |
| esta noche | आज रात |
| | āj rāt |

| por la noche | रात को |
| | rāt ko |
| ayer | कल |
| | kal |
| hoy | आज |
| | āj |
| mañana | कल |
| | kal |
| pasado mañana | कल के बाद वाला दिन |
| | kal ke bād vāla din |

| ¿Qué día es hoy? | आज कौन-सा दिन है? |
| | āj kaun-sa din hai? |
| Es ... | आज ... है। |
| | āj ... hai. |
| lunes | सोमवार |
| | somavār |
| martes | मंगलवार |
| | mangalavār |
| miércoles | बुधवार |
| | budhavār |

| jueves | गुरुवार |
| | guruvār |
| viernes | शुक्रवार |
| | shukravār |
| sábado | शनिवार |
| | shanivār |
| domingo | रविवार |
| | ravivār |

## Saludos. Presentaciones.

| | |
|---|---|
| Hola. | नमस्कार<br>namaskār. |
| Encantado /Encantada/ de conocerle. | आपसे मिलकर ख़ुशी हुई<br>āpase milakar khushī hui. |
| Yo también. | मुझे भी<br>mujhe bhī. |
| Le presento a ... | मैं आपको ... से मिलाना चाहूँगा<br>/चाहूँगी/।<br>main āpako ... se milāna chāhūnga<br>/chāhūngī/. |
| Encantado. | आपसे मिलकर अच्छा लगा<br>āpase milakar achchha laga. |

| | |
|---|---|
| ¿Cómo está? | आप कैसे /कैसी/ हैं?<br>āp kaise /kaisī/ hain? |
| Me llamo ... | मेरा नाम ... है<br>mera nām ... hai. |
| Se llama ... | इसका नाम ... है<br>isaka nām ... hai. |
| Se llama ... | इसका नाम ... है<br>isaka nām ... hai. |
| ¿Cómo se llama (usted)? | आपका क्या नाम है?<br>āpaka kya nām hai? |
| ¿Cómo se llama (él)? | इसका क्या नाम है?<br>isaka kya nām hai? |
| ¿Cómo se llama (ella)? | इसका क्या नाम है?<br>isaka kya nām hai? |

| | |
|---|---|
| ¿Cuál es su apellido? | आपका आख़िरी नाम क्या है?<br>āpaka ākhirī nām kya hai? |
| Puede llamarme ... | आप मुझे ... बुला सकते /सकती/ हैं<br>āp mujhe ... bula sakate /sakatī/ hain. |
| ¿De dónde es usted? | आप कहाँ से हैं?<br>āp kahān se hain? |
| Yo soy de .... | मैं ... हूँ<br>main ... hūn. |
| ¿A qué se dedica? | आप क्या काम करते /करती/ हैं?<br>āp kya kām karate /karatī/ hain? |

| | |
|---|---|
| ¿Quién es? | यह कौन है?<br>yah kaun hai? |
| ¿Quién es él? | यह कौन है?<br>yah kaun hai? |

| | |
|---|---|
| ¿Quién es ella? | यह कौन है?<br>yah kaun hai? |
| ¿Quiénes son? | ये कौन हैं?<br>ye kaun hain? |

| | |
|---|---|
| Este es ... | यह ... है।<br>yah ... hai. |
| mi amigo | मेरा दोस्त<br>mera dost |
| mi amiga | मेरी सहेली<br>merī sahelī |
| mi marido | मेरे पति<br>mere pati |
| mi mujer | मेरी पत्नी<br>merī patnī |

| | |
|---|---|
| mi padre | मेरे पिता<br>mere pita |
| mi madre | मेरी माँ<br>merī mān |
| mi hermano | मेरे भाई<br>mere bhaī |
| mi hermana | मेरी बहन<br>merī bahan |
| mi hijo | मेरा बेटा<br>mera beta |
| mi hija | मेरी बेटी<br>merī betī |

| | |
|---|---|
| Este es nuestro hijo. | यह मेरा बेटा है।<br>yah mera beta hai. |
| Esta es nuestra hija. | यह मेरी बेटी है।<br>yah merī betī hai. |
| Estos son mis hijos. | ये मेरे बच्चे हैं।<br>ye mere bachche hain. |
| Estos son nuestros hijos. | ये हमारे बच्चे हैं।<br>ye hamāre bachche hain. |

## Despedidas

| | |
|---|---|
| ¡Adiós! | अलविदा!<br>alavida! |
| ¡Chau! | बाय!<br>bāy! |
| Hasta mañana. | कल मिलते हैं।<br>kal milate hain. |
| Hasta pronto. | जल्दी मिलते हैं<br>jaldī milate hain. |
| Te veo a las siete. | सात बजे मिलते हैं।<br>sāt baje milate hain. |
| ¡Que se diviertan! | मज़े करो!<br>maze karo! |
| Hablamos más tarde. | बाद में बात करते हैं।<br>bād men bāt karate hain. |
| Que tengas un buen fin de semana. | तुम्हारा सप्ताहांत शुभ रहे<br>tumhāra saptāhānt shubh rahe. |
| Buenas noches. | शुभ रात्रि।<br>shubh rātri. |
| Es hora de irme. | मेरे जाने का वक्त हो गया है।<br>mere jāne ka vakt ho gaya hai. |
| Tengo que irme. | मुझे जाना होगा।<br>mujhe jāna hai. |
| Ahora vuelvo. | मैं अभी वापिस आता /आती/ हूँ<br>main abhī vāpis āta /ātī/ hūn. |
| Es tarde. | देर हो गई है।<br>der ho gaī hai. |
| Tengo que levantarme temprano. | मुझे जल्दी उठना है।<br>mujhe jaldī uthana hai. |
| Me voy mañana. | मैं कल जाने वाला /वाली/ हूँ<br>main kal jāne vāla /vālī/ hūn. |
| Nos vamos mañana. | हम कल जाने वाले हैं।<br>ham kal jāne vāle hain. |
| ¡Que tenga un buen viaje! | आपकी यात्रा शानदार हो!<br>āpakī yātra shānadār ho! |
| Ha sido un placer. | आपसे मिलकर अच्छा लगा।<br>āpase milakar achchha laga. |
| Fue un placer hablar con usted. | आपसे बातें करके अच्छा लगा।<br>āpase bāten karake achchha laga. |
| Gracias por todo. | हर चीज़ के लिए शुक्रिया।<br>har chīz ke lie shukriya. |

Lo he pasado muy bien.

मैंने बहुत अच्छा वक्त बिताया।
mainne bahut achchha vakt bitāya.

Lo pasamos muy bien.

हमने बहुत अच्छा वक्त बिताया।
hamane bahut achchha vakt bitāya.

Fue genial.

बहुत मज़ा आया।
bahut maza āya.

Le voy a echar de menos.

मुझे तुम्हारी याद आएगी।
mujhe tumhārī yād āegī.

Le vamos a echar de menos.

हमें आपकी याद आएगी।
hamen āpakī yād āegī.

---

¡Suerte!

गुड लक।
gud lak!

Saludos a …

… को नमस्ते बोलना।
… ko namaste bolana.

## Idioma extranjero

No entiendo.
मुझे समझ नहीं आया।
mujhe samajh nahin āya.

Escríbalo, por favor.
इसे लिख दीजिए, प्लीज़।
ise likh dījie, plīz.

¿Habla usted ...?
क्या आप ... बोलते /बोलती/ हैं?
kya āp ... bolate /bolatī/ hain?

Hablo un poco de ...
मैं थोड़ा-बहुत ... बोल सकता /सकती/ हूँ।
main thora-bahut ... bol sakata /sakatī/ hūn.

inglés
अंग्रेज़ी
angrezī

turco
तुर्की
turkī

árabe
अरबी
arabī

francés
फ्रांसिसी
frānsisī

alemán
जर्मन
jarman

italiano
इतालवी
itālavī

español
स्पेनी
spenī

portugués
पुर्तगाली
purtagālī

chino
चीनी
chīnī

japonés
जापानी
jāpānī

¿Puede repetirlo, por favor?
क्या आप इसे दोहरा सकते हैं।
kya āp ise dohara sakate hain.

Lo entiendo.
मैं समझ गया /गई/।
main samajh gaya /gaī/.

No entiendo.
मुझे समझ नहीं आया।
mujhe samajh nahin āya.

Hable más despacio, por favor.
कृपया थोड़ा और धीरे बोलिये।
kṛpaya thora aur dhīre boliye.

¿Está bien?                                क्या यह सही है?
                                            kya yah sahī hai?

¿Qué es esto? (¿Que significa esto?)        यह क्या है?
                                            yah kya hai?

## Disculpas

| | |
|---|---|
| Perdone, por favor. | मुझे माफ़ करना। <br> mujhe māf karana. |
| Lo siento. | मुझे माफ़ कर दो। <br> mujhe māf karana. |
| Lo siento mucho. | मैं बहुत शर्मिन्दा हूँ। <br> main bahut sharminda hūn. |
| Perdón, fue culpa mía. | माफ़ करना, यह मेरी गलती है। <br> māf karana, yah merī galatī hai. |
| Culpa mía. | मेरी गलती। <br> merī galatī. |

| | |
|---|---|
| ¿Puedo ...? | क्या मैं ... सकता /सकती/ हूँ? <br> kya main ... sakata /sakatī/ hūn? |
| ¿Le molesta si ...? | क्या मैं ... सकता /सकती/ हूँ? <br> kya main ... sakata /sakatī/ hūn? |
| ¡No hay problema! (No pasa nada.) | कोई बात नहीं। <br> koī bāt nahin. |
| Todo está bien. | सब कुछ ठीक है। <br> sab kuchh thīk hai. |
| No se preocupe. | फिक्र मत करो। <br> fikr mat karo. |

## Acuerdos

Sí.
हाँ
hān.

Sí, claro.
हाँ, बिल्कुल
hān, bilkul.

Bien.
ओके! बढ़िया!
oke! barhiya!

Muy bien.
ठीक है
thīk hai.

¡Claro que sí!
बिल्कुल!
bilkul!

Estoy de acuerdo.
मैं सहमत हूँ
main sahamat hūn.

---

Es verdad.
यह सही है
yah sahī hai.

Es correcto.
यह ठीक है
yah thīk hai.

Tiene razón.
आप सही हैं
āp sahī hain.

No me molesta.
मुझे बुरा नहीं लगेगा
mujhe bura nahin lagega.

Es completamente cierto.
बिल्कुल सही
bilkul sahī.

---

Es posible.
हो सकता है
ho sakata hai.

Es una buena idea.
यह अच्छा विचार है
yah achchha vichār hai.

No puedo decir que no.
मैं नहीं नहीं बोल सकता
/सकती/ हूँ
main nahin nahin bol sakata
/sakatī/ hūn.

Estaré encantado /encantada/.
मुझे ख़ुश होगी
mujhe khush hogī.

Será un placer.
ख़ुशी से
khushī se.

## Rechazo. Expresar duda

No.

नहीं।
nahin.

Claro que no.

बिल्कुल नहीं।
bilkul nahin.

No estoy de acuerdo.

मैं सहमत नहीं हूँ।
main sahamat nahin hūn.

No lo creo.

मुझे नहीं लगता है।
mujhe nahin lagata hai.

No es verdad.

यह सही नहीं है।
yah sahī nahin hai.

No tiene razón.

आप गलत हैं।
āp galat hain.

Creo que no tiene razón.

मेरे ख़याल में आप गलत हैं।
mere khyāl men āp galat hain.

No estoy seguro /segura/.

मुझे पक्का नहीं पता है।
mujhe pakka nahin pata hai.

No es posible.

यह मुमकिन नहीं है।
yah mumakin nahin hai.

¡Nada de eso!

ऐसा कुछ नहीं हुआ!
aisa kuchh nahin hua!

Justo lo contrario.

इससे बिल्कुल उलटा।
isase bilkul ulata.

Estoy en contra de ello.

मैं इसके ख़िलाफ़ हूँ।
main isake khilāf hūn.

No me importa. (Me da igual.)

मुझे कोई फ़र्क़ नहीं पड़ता।
mujhe koī fark nahin parata.

No tengo ni idea.

मुझे कुछ नहीं पता।
mujhe kuchh nahin pata.

Dudo que sea así.

मुझे इस बात पर शक है।
mujhe is bāt par shak hai.

Lo siento, no puedo.

माफ़ करना, मैं नहीं कर सकता /सकती/ हूँ।
māf karana, main nahin kar sakata /sakatī/ hūn.

Lo siento, no quiero.

माफ़ करना, मैं नहीं करना चाहता /चाहती/ हूँ।
māf karana, main nahin karana chāhata /chāhatī/ hūn.

Gracias, pero no lo necesito.

शुक्रिया, मगर मुझे इसकी ज़रूरत नहीं है।
shukriya, magar mujhe isakī zarūrat nahin hai.

Ya es tarde.

देर हो रही है।
der ho rahī hai.

Tengo que levantarme temprano.

मुझे जल्दी उठना है।
mujhe jaldī uthana hai.

Me encuentro mal.

मेरी तबियत ठीक नहीं है।
merī tabiyat thīk nahin hai.

## Expresar gratitud

| | |
|---|---|
| Gracias. | शुक्रिया।<br>shukriya. |
| Muchas gracias. | बहुत बहुत शुक्रिया।<br>bahut bahut shukriya. |
| De verdad lo aprecio. | मैं बहुत आभारी हूँ।<br>main bahut ābhārī hūn. |
| Se lo agradezco. | मैं बहुत बहुत आभारी हूँ।<br>main bahut bahut ābhārī hūn. |
| Se lo agradecemos. | हम बहुत आभारी हैं।<br>ham bahut ābhārī hain. |
| Gracias por su tiempo. | आपके वक्त के लिए शुक्रिया।<br>āpake vakt ke lie shukriya. |
| Gracias por todo. | हर चीज़ के लिए शुक्रिया।<br>har chīz ke lie shukriya. |
| Gracias por ... | ... के लिए शुक्रिया।<br>... ke lie shukriya. |
| su ayuda | आपकी मदद<br>āpakī madad |
| tan agradable momento | अच्छे वक्त<br>achchhe vakt |
| una comida estupenda | बढ़िया खाने<br>barhiya khāne |
| una velada tan agradable | खुशनुमा शाम<br>khushanuma shām |
| un día maravilloso | बढ़िया दिन<br>barhiya din |
| un viaje increíble | अद्भुत सफर<br>adbhut safar |
| No hay de qué. | शुक्रिया की कोई ज़रूरत नहीं।<br>shukriya kī koī zarūrat nahin. |
| De nada. | आपका स्वागत है।<br>āpaka svāgat hai. |
| Siempre a su disposición. | कभी भी।<br>kabhī bhī. |
| Encantado /Encantada/ de ayudarle. | यह मेरे लिए खुशी की बात है।<br>yah mere lie khushī kī bāt hai. |
| No hay de qué. | भूल जाओ।<br>bhūl jao. |
| No tiene importancia. | फिक्र मत करो।<br>fikr mat karo. |

## Felicitaciones , Mejores Deseos

¡Felicidades!

मुबारक हो!
mubārak ho!

¡Feliz Cumpleaños!

जन्मदिन की बधाई!
janmadin kī badhaī!

¡Feliz Navidad!

बड़ा दिन मुबारक हो!
bara din mubārak ho!

¡Feliz Año Nuevo!

नए साल की बधाई!
nae sāl kī badhaī!

¡Felices Pascuas!

ईस्टर की शुभकामनाएं!
īstar kī shubhakāmanaen!

¡Feliz Hanukkah!

हनुका की बधाईयाँ!
hanuka kī badhaīyān!

Quiero brindar.

मैं एक टोस्ट करना चाहूँगा
/चाहूँगी/।
main ek tost karana chāhūnga
/chāhūngī/.

¡Salud!

चियर्स!
chiyars!

¡Brindemos por ...!

... के लिए पीया जाए!
... ke lie pīya jae!

¡A nuestro éxito!

हमारी कामियाबी!
hamārī kāmiyābī!

¡A su éxito!

आपकी कामियाबी!
āpakī kāmiyābī!

¡Suerte!

गुड लक!
gud lak!

¡Que tenga un buen día!

आपका दिन शुभ हो!
āpaka din shubh ho!

¡Que tenga unas buenas vacaciones!

आपकी छुट्टी अच्छी रहे!
āpakī chhuttī achchhī rahe!

¡Que tenga un buen viaje!

आपका सफर सुरक्षित रहे!
āpaka safar surakshit rahe!

¡Espero que se recupere pronto!

मैं उम्मीद करता /करती/ .हूँ कि
आप जल्द ही ठीक हो जाएंगे!
main ummīd karata /karatī/ hūn
ki āp jald hī thīk ho jaenge!

## Socializarse

¿Por qué está triste?

आप उदास क्यों हैं?
āp udās kyon hain?

¡Sonría! ¡Animese!

मुस्कुराओ! खुश रहो!
muskurao! khush raho!

¿Está libre esta noche?

क्या आप आज रात फ्री हैं?
kya āp āj rāt frī hain?

¿Puedo ofrecerle algo de beber?

क्या मैं आपके लिए एक ड्रिंक खरीद
सकता /सकती/ हूँ?
kya main āpake lie ek drink kharīd
sakata /sakatī/ hūn?

¿Querría bailar conmigo?

क्या आप डांस करना चाहेंगी
/चाहेंगी/?
kya āp dāns karana chāhengī
/chāhengī/?

Vamos a ir al cine.

चलिए फ़िल्म देखने चलते हैं।
chalie film dekhane chalate hain.

¿Puedo invitarle a ...?

क्या मैं आपको ... इन्वाइट
कर सकता /सकती/ हूँ?
kya main āpako ... invait
kar sakata /sakatī/ hūn?

un restaurante

रेस्तरां
restarān

el cine

फ़िल्म के लिए
film ke lie

el teatro

थियेटर के लिए
thiyetar ke lie

dar una vuelta

वॉक के लिए
vok ke lie

¿A qué hora?

कितने बजे?
kitane baje?

esta noche

आज रात
āj rāt

a las seis

छह बजे
chhah baje

a las siete

सात बजे
sāt baje

a las ocho

आठ बजे
āth baje

a las nueve

नौ बजे
nau baje

¿Le gusta este lugar?

क्या आपको यहाँ अच्छा लगता है?
kya āpako yahān achchha lagata hai?

¿Está aquí con alguien?

क्या आप यहाँ किसी के साथ
आए /आई/ हैं?
kya āp yahān kisī ke sāth
āe /āī/ hain?

Estoy con mi amigo /amiga/.

मैं अपने दोस्त के साथ हूँ.
main apane dost ke sāth hūn.

Estoy con amigos.

मैं अपने दोस्तों के साथ हूँ.
main apane doston ke sāth hūn.

No, estoy solo /sola/.

नहीं, मैं अकेला /अकेली/ हूँ.
nahin, main akela /akelī/ hūn.

¿Tienes novio?

क्या आपका कोई बॉयफ्रेंड है?
kya āpaka koī boyafrend hai?

Tengo novio.

मेरा बॉयफ्रेंड है.
mera boyafrend hai.

¿Tienes novia?

क्या आपकी कोई गर्लफ्रेंड है?
kya āpakī koī garlafrend hai?

Tengo novia.

मेरी एक गर्लफ्रेंड है.
merī ek garlafrend hai.

¿Te puedo volver a ver?

क्या आपसे फिर मिल सकता
/सकती/ हूँ?
kya āpase fir mil sakata
/sakatī/ hūn?

¿Te puedo llamar?

क्या मैं आपको कॉल कर सकता
/सकती/ हूँ?
kya main āpako kol kar sakata
/sakatī/ hūn?

Llámame.

मुझे कॉल करना.
mujhe kol karana.

¿Cuál es tu número?

आपका नंबर क्या है?
āpaka nambar kya hai?

Te echo de menos.

मुझे तुम्हारी याद आ रही है.
mujhe tumhārī yād ā rahī hai.

¡Qué nombre tan bonito!

आपका नाम बहुत खूबसूरत है.
āpaka nām bahut khūbasūrat hai.

Te quiero.

मैं तुमसे प्यार करता /करती/ हूँ.
main tumase pyār karata /karatī/ hūn.

¿Te casarías conmigo?

क्या तुम मुझसे शादी करोगे /करोगी/?
kya tum mujhase shādī karoge /karogī/?

¡Está de broma!

तुम मज़ाक कर रहे /रही/ हो!
tum mazāk kar rahe /rahī/ ho!

Sólo estoy bromeando.

मैं बस मज़ाक कर रहा रही हूँ.
main bas mazāk kar raha rahī hūn.

¿En serio?

क्या आप सीरियस हैं?
kya āp sīriyas hain?

Lo digo en serio.

मैं सीरियस हूँ.
main sīriyas hūn.

| | |
|---|---|
| ¿De verdad? | सच में?!<br>sach men?! |
| ¡Es increíble! | मुझे यकिन नहीं होता!<br>mujhe yakin nahin hota! |
| No le creo. | मुझे तुम पर यकिन नहीं है।<br>mujhe tum par yakin nahin hai. |

| | |
|---|---|
| No puedo. | मैं नहीं आ सकता /सकती/।<br>main nahin ā sakata /sakatī/. |
| No lo sé. | मुझे नहीं मालूम।<br>mujhe nahin mālūm. |
| No le entiendo. | मुझे आपकी बात समझ नहीं आई।<br>mujhe āpakī bāt samajh nahin āī. |
| Váyase, por favor. | यहाँ से चले जाईये।<br>yahān se chale jāīye. |
| ¡Déjeme en paz! | मुझे अकेला छोड़ दो!<br>mujhe akela chhor do! |

| | |
|---|---|
| Es inaguantable. | मैं उसे बर्दाश्त नहीं कर सकता<br>/सकती/ हूँ।<br>main use bàrdāsht nahin kar sakata<br>/sakatī/ hūn. |
| ¡Es un asqueroso! | तुमसे घिन्न आती है!<br>tumase ghinn ātī hai! |
| ¡Llamaré a la policía! | मैं पुलिस बुला लूँगा /लूँगी/!<br>main pulis bula lūnga /lūngī/! |

## Compartir impresiones. Emociones

Me gusta.
मुझे यह पसंद है।
mujhe yah pasand hai.

Muy lindo.
बहुत अच्छा।
bahut achchha.

¡Es genial!
बहुत बढ़िया!
bahut barhiya!

No está mal.
बुरा नहीं है।
bura nahin hai.

No me gusta.
मुझे यह पसंद नहीं है।
mujhe yah pasand nahin hai.

No está bien.
यह अच्छा नहीं है।
yah achchha nahin hai.

Está mal.
यह बुरा है।
yah bura hai.

Está muy mal.
यह बहुत बुरा है।
yah bahut bura hai.

¡Qué asco!
यह घिनौना है।
yah ghinauna hai.

Estoy feliz.
मैं खुश हूँ।
main khush hūn.

Estoy contento /contenta/.
मैं संतुष्ट हूँ।
main santusht hūn.

Estoy enamorado /enamorada/.
मुझे प्यार हो गया है।
mujhe pyār ho gaya hai.

Estoy tranquilo.
मैं शांत हूँ।
main shānt hūn.

Estoy aburrido.
मुझे बोरियत हो रही है।
mujhe boriyat ho rahī hai.

Estoy cansado /cansada/.
मैं थक गया /गई/ हूँ।
main thak gaya /gaī/ hūn.

Estoy triste.
मैं दुखी हूँ।
main dukhī hūn.

Estoy asustado.
मुझे डर लग रहा हैं।
mujhe dar lag raha hain.

Estoy enfadado /enfadada/.
मुझे गुस्सा आ रहा है।
mujhe gussa ā raha hai.

Estoy preocupado /preocupada/.
मैं परेशान हूँ।
main pareshān hūn.

Estoy nervioso /nerviosa/.
मुझे घवराहट हो रही है।
mujhe ghavarāhat ho rahī hai.

Estoy celoso /celosa/.

मुझे जलन हो रही है।
mujhe jalan ho rahī hai.

Estoy sorprendido /sorprendida/.

मुझे हैरानी हो रही है।
mujhe hairānī ho rahī hai.

Estoy perplejo /perpleja/.

मुझे समझ नहीं आ रहा है।
mujhe samajh nahin ā raha hai.

## Problemas, Accidentes

| | |
|---|---|
| Tengo un problema. | मुझे एक परेशानी है।<br>mujhe ek pareshānī hai. |
| Tenemos un problema. | हमें परेशानी है।<br>hamen pareshānī hai. |
| Estoy perdido /perdida/. | मैं खो गया /गई/ हूँ।<br>main kho gaya /gaī/ hūn. |
| Perdi el último autobús (tren). | मुझसे आखिरी बस छूट गई।<br>mujhase ākhirī bas chhūt gaī. |
| No me queda más dinero. | मेरे पास पैसे नहीं बचे।<br>mere pās paise nahin bache. |
| He perdido … | मेरा ... खो गया है।<br>mera ... kho gaya hai. |
| Me han robado … | किसी ने मेरा ... चुरा लिया।<br>kisī ne mera ... chura liya. |
| mi pasaporte | पासपोर्ट<br>pāsaport |
| mi cartera | बटुआ<br>batua |
| mis papeles | कागज़ात<br>kāgazāt |
| mi billete | टिकट<br>tikat |
| mi dinero | पैसा<br>paisa |
| mi bolso | पर्स<br>pars |
| mi cámara | कैमरा<br>kaimara |
| mi portátil | लैपटॉप<br>laipatop |
| mi tableta | टैबलेट<br>taibalet |
| mi teléfono | मोबाइल फ़ोन<br>mobail fon |
| ¡Ayúdeme! | मेरी मदद करो!<br>merī madad karo! |
| ¿Qué pasó? | क्या हुआ?<br>kya hua? |
| el incendio | आग<br>āg |

| | |
|---|---|
| un tiroteo | गोलियाँ चल रही हैं<br>goliyān chal rahī hain |
| el asesinato | कत्ल हो गया है<br>katl ho gaya hai |
| una explosión | विस्फोट हो गया है<br>visfot ho gaya hai |
| una pelea | लड़ाई हो गई है<br>laraī ho gaī hai |

| | |
|---|---|
| ¡Llame a la policía! | पुलिस को बुलाओ!<br>pulis ko bulāo! |
| ¡Más rápido, por favor! | कृपया जल्दी करें!<br>kṛpaya jaldī karen! |
| Busco la comisaría. | मैं पुलिस थाना ढूंढ रहा /रही/ हूँ।<br>main pulis thāna dhūnrh raha /rahī/ hūn. |
| Tengo que hacer una llamada. | मुझे फ़ोन करना है।<br>mujhe fon karana hai. |
| ¿Puedo usar su teléfono? | क्या मैं आपका फ़ोन इस्तेमाल<br>कर सकता /सकती/ हूँ?<br>kya main āpaka fon istemāl<br>kar sakata /sakatī/ hūn? |

| | |
|---|---|
| asaltado /asaltada/ | मेरा सामान चुरा लिया गया है<br>mera sāmān chura liya gaya hai |
| robado /robada/ | मुझे लूट लिया गया है<br>mujhe lūt liya gaya hai |
| violada | मेरा बालात्कार किया गया है<br>mera bālātkār kiya gaya hai |
| atacado /atacada/ | मुझे पीटा गया है<br>mujhe pīta gaya hai |

| | |
|---|---|
| ¿Se encuentra bien? | क्या आप ठीक हैं?<br>kya āp thīk hain? |
| ¿Ha visto quien a sido? | क्या आपने देखा कौन था?<br>kya āpane dekha kaun tha? |
| ¿Sería capaz de reconocer<br>a la persona? | क्या आप उसे पहचान सकेंगे<br>/सकेंगी/?<br>kya āp use pahachān sakenge<br>/sakengī/? |
| ¿Está usted seguro? | क्या आपको यकीन है?<br>kya āpako yakīn hai? |

| | |
|---|---|
| Por favor, cálmese. | कृपया शांत हो जाएं।<br>kṛpaya shānt ho jaen. |
| ¡Cálmese! | आराम से!<br>ārām se! |
| ¡No se preocupe! | चिंता मत करो!<br>chinta mat karo! |
| Todo irá bien. | सब ठीक हो जायेगा।<br>sab thīk ho jāyega. |
| Todo está bien. | सब कुछ ठीक है।<br>sab kuchh thīk hai. |

Venga aquí, por favor.

कृपया यहाँ आइये।
kŕpaya yahān āiye.

Tengo unas preguntas para usted.

मेरे पास तुम्हारे लिए कुछ प्रश्न है।
mere pās tumhāre lie kuchh prashn hai.

Espere un momento, por favor.

कृपया एक क्षण रुकें।
kŕpaya ek kshan ruken.

¿Tiene un documento de identidad?

क्या आपके पास आईडी है?
kya āpake pās āīdī hai?

Gracias. Puede irse ahora.

धन्यवाद। आप अब जा सकते
/सकती/ हैं।
dhanyavād. āp ab ja sakate
/sakatī/ hain.

¡Manos detrás de la cabeza!

अपने हाथ सिर के पीछे रखें!
apane hāth sir ke pīchhe rakhen!

¡Está arrestado!

आप हिरासत में हैं!
āp hirāsat men hain!

## Problemas de salud

Ayudeme, por favor.

कृपया मेरी मदद करें।
kṛpaya merī madad karen.

No me encuentro bien.

मेरी तबियत ठीक नहीं है।
merī tabiyat thīk nahin hai.

Mi marido no se encuentra bien.

मेरे पति को ठीक महसूस नहीं
हो रहा है।
mere pati ko thīk mahasūs nahin
ho raha hai.

Mi hijo …

मेरे बेटे ...
mere bete ...

Mi padre …

मेरे पिता ...
mere pita ...

Mi mujer no se encuentra bien.

मेरी पत्नी को ठीक महसूस नहीं
हो रहा है।
merī patnī ko thīk mahasūs nahin
ho raha hai.

Mi hija …

मेरी बेटी ...
merī betī ...

Mi madre …

मेरी माँ ...
merī mān ...

la cabeza

मुझे सिरदर्द है।
mujhe siradard hai.

la garganta

मेरा गला ख़राब है।
mera gala kharāb hai.

el estómago

मेरे पेट में दर्द है।
mere pet men dard hai.

un diente

मेरे दाँत में दर्द है।
mere dānt men dard hai.

Estoy mareado.

मुझे चक्कर आ रहा है।
mujhe chakkar ā raha hai.

Él tiene fiebre.

इसे बुख़ार है।
ise bukhār hai.

Ella tiene fiebre.

इसे बुख़ार है।
ise bukhār hai.

No puedo respirar.

मैं साँस नहीं ले पा रहा /रही/ हूँ।
main sāns nahin le pa raha /rahī/ hūn.

Me ahogo.

मेरी साँस फूल रही है।
merī sāns fūl rahī hai.

Tengo asma.

मुझे दमा है।
mujhe dama hai.

Tengo diabetes.

मैं मधुमेह का /की/ रोगी हूँ।
main madhumeh ka /kī/ rogī hūn.

No puedo dormir.

मैं सो नहीं पा रहा /रही/ हूँ।
main so nahin pa raha /rahī/ hūn.

intoxicación alimentaria

फ़ूड पॉएज़निंग
fūd poezaning

---

Me duele aquí.

यहाँ दुखता हैं
yahān dukhata hain.

¡Ayúdeme!

मेरी मदद करो!
merī madad karo!

¡Estoy aquí!

मैं यहाँ हूँ!
main yahān hūn!

¡Estamos aquí!

हम यहाँ हैं!
ham yahān hain!

¡Saquenme de aquí!

मुझे यहां से बाहर निकालो!
mujhe yahān se bāhar nikālo!

Necesito un médico.

मुझे एक डॉक्टर की ज़रुरत है।
mujhe ek doktar kī zarurat hai.

No me puedo mover.

मैं हिल नहीं सकता /सकती/ हूँ।
main hil nahin sakata /sakatī/ hūn.

No puedo mover mis piernas.

मैं अपने पैरों को नहीं हिला
पा रहा /रही/ हूँ।
main apane pairon ko nahin hila
pa raha /rahī/ hūn.

---

Tengo una herida.

मुझे चोट लगी है।
mujhe chot lagī hai.

¿Es grave?

क्या यह गंभीर है?
kya yah gambhīr hai?

Mis documentos están en mi bolsillo.

मेरे दस्तावेज़ मेरी जेब में हैं।
mere dastāvez merī jeb men hain.

¡Cálmese!

शांत हो जाओ!
shānt ho jao!

¿Puedo usar su teléfono?

क्या मैं आपका फ़ोन इस्तेमाल
कर सकता /सकती/ हूँ?
kya main āpaka fon istèmāl
kar sakata /sakatī/ hūn?

---

¡Llame a una ambulancia!

एम्बुलेन्स बुलाओ!
embulens bulao!

¡Es urgente!

बहुत ज़रूरी है!
bahut zarūrī hai!

¡Es una emergencia!

यह एक आपातकाल है!
yah ek āpātakāl hai!

¡Más rápido, por favor!

कृपया जल्दी करें!
kṛpaya jaldī karen!

---

¿Puede llamar a un médico, por favor?

क्या आप डॉक्टर को बुला देंगे /देंगी/?
kya āp doktar ko bula denge /dengī/?

¿Dónde está el hospital?

अस्पताल कहाँ है?
aspatāl kahān hai?

¿Cómo se siente?     आप कैसा महसूस कर रहे /रही/ हैं?
āp kaisa mahasūs kar rahe /rahī/ hain?

¿Se encuentra bien?     क्या आप ठीक हैं?
kya āp thīk hain?

¿Qué pasó?     क्या हुआ?
kya hua?

Me encuentro mejor.     मैं अब ठीक हूँ।
main ab thīk hūn.

Está bien.     सब ठीक है।
sab thīk hai.

Todo está bien.     सब कुछ ठीक है।
sab kuchh thīk hai.

# En la farmacia

| | |
|---|---|
| la farmacia | दवा की दुकान<br>dava kī dukān |
| la farmacia 24 horas | चौबीस घंटे खुलने वाली<br>दवा की दुकान<br>chaubīs ghante khulane vālī<br>dava kī dukān |
| ¿Dónde está la farmacia más cercana? | सबसे करीबी दवा की दुकान कहाँ है?<br>sabase karībī dava kī dukān kahān hai? |
| ¿Está abierta ahora? | क्या वह अभी खुली है?<br>kya vah abhī khulī hai? |
| ¿A qué hora abre? | वह कितने बजे खुलती है?<br>vah kitane baje khulatī hai? |
| ¿A qué hora cierra? | वह कितने बजे बंद होती है?<br>vah kitane baje band hotī hai? |
| ¿Está lejos? | क्या वह दूर है?<br>kya vah dūr hai? |
| ¿Puedo llegar a pie? | क्या मैं वहाँ पैदल जा सकता<br>/सकती/ हूँ?<br>kya main vahān paidal ja sakata /sakatī/ hūn? |
| ¿Puede mostrarme en el mapa? | क्या आप मुझे नक्शे पर दिखा<br>सकते /सकती/ हैं?<br>kya āp mujhe nakshe par dikha sakate /sakatī/ hain? |
| Por favor, deme algo para ... | मुझे ... के लिए कुछ दे दें।<br>mujhe ... ke lie kuchh de den. |
| un dolor de cabeza | सिरदर्द<br>siradard |
| la tos | खाँसी<br>khānsī |
| el resfriado | ज़ुकाम<br>zukām |
| la gripe | ज़ुकाम-बुखार<br>zukām-bukhār |
| la fiebre | बुखार<br>bukhār |
| un dolor de estomago | पेट दर्द<br>pet dard |
| nauseas | मतली<br>matalī |

| | |
|---|---|
| la diarrea | दस्त<br>dast |
| el estreñimiento | कब्ज<br>kabz |

| | |
|---|---|
| un dolor de espalda | पीठ दर्द<br>pīth dard |
| un dolor de pecho | सीने में दर्द<br>sīne men dard |
| el flato | पेट की माँसपेशी में दर्द<br>pet kī mānsapeshī men dard |
| un dolor abdominal | पेट दर्द<br>pet dard |

| | |
|---|---|
| la píldora | दवा<br>dava |
| la crema | मरहम, क्रीम<br>maraham, krīm |
| el jarabe | सिरप<br>sirap |
| el spray | स्प्रे<br>spre |
| las gotas | ड्रॉप<br>drop |

| | |
|---|---|
| Tiene que ir al hospital. | आपको अस्पताल जाना चाहिए।<br>āpako aspatāl jāna chāhie. |
| el seguro de salud | स्वास्थ्य बीमा<br>svāsthy bīma |
| la receta | नुस्खा<br>nuskha |
| el repelente de insectos | कीटरोधक<br>kītarodhak |
| la curita | बैंड एड<br>baind ed |

# Lo más imprescindible

| | |
|---|---|
| Perdone, ... | माफ़ कीजिएगा, ...<br>māf kījiega, ... |
| Hola. | नमस्कार।<br>namaskār. |
| Gracias. | शुक्रिया।<br>shukriya. |

| | |
|---|---|
| Sí. | हाँ।<br>hān. |
| No. | नहीं।<br>nahin. |
| No lo sé. | मुझे नहीं मालूम।<br>mujhe nahin mālūm. |
| ¿Dónde? | ¿A dónde? | ¿Cuándo? | कहाँ? | कहाँ जाना है? | कब?<br>kahān? | kahān jāna hai? | kab? |

| | |
|---|---|
| Necesito ... | मुझे ... चाहिए।<br>mujhe ... chāhie. |
| Quiero ... | मैं ... चाहता /चाहती/ हूँ।<br>main ... chāhata /chāhatī/ hūn. |
| ¿Tiene ...? | क्या आपके पास ... है?<br>kya āpake pās ... hai? |
| ¿Hay ... por aquí? | क्या यहाँ ... है?<br>kya yahān ... hai? |
| ¿Puedo ...? | क्या मैं ... सकता /सकती/ हूँ?<br>kya main ... sakata /sakatī/ hūn? |
| ..., por favor? (petición educada) | ..., कृपया।<br>..., kṛpaya. |

| | |
|---|---|
| Busco ... | मैं ... ढूंढ रहा /रही/ हूँ।<br>main ... dhūnrh raha /rahī/ hūn. |
| el servicio | शौचालय<br>shauchālay |
| un cajero automático | एटीएम<br>etīem |
| una farmacia | दवा की दुकान<br>dava kī dūkān |
| el hospital | अस्पताल<br>aspatāl |

| | |
|---|---|
| la comisaría | पुलिस थाना<br>pulis thāna |
| el metro | मेट्रो<br>metro |

| un taxi | टैक्सी |
| | taiksī |
| la estación de tren | ट्रेन स्टेशन |
| | tren steshan |

---

| Me llamo … | मेरा नाम ... है| |
| | mera nām ... hai |
| ¿Cómo se llama? | आपका क्या नाम है? |
| | āpaka kya nām hai? |
| ¿Puede ayudarme, por favor? | क्या आप मेरी मदद कर सकते /सकती/ हैं? |
| | kya āp merī madad kar sakate /sakatī/ hain? |
| Tengo un problema. | मुझे एक परेशानी है| |
| | mujhe ek pareshānī hai. |
| Me encuentro mal. | मेरी तबियत ठीक नहीं है| |
| | merī tabiyat thīk nahin hai. |
| ¡Llame a una ambulancia! | एम्बुलेन्स बुलाओ! |
| | embulens bulao! |
| ¿Puedo llamar, por favor? | क्या मैं एक फ़ोन कर सकता /सकती/ हूँ? |
| | kya main ek fon kar sakata /sakatī/ hūn? |

---

| Lo siento. | मुझे माफ़ करना| |
| | mujhe māf kar do. |
| De nada. | आपका स्वागत है| |
| | āpaka svāgat hai. |

---

| Yo | मैं |
| | main |
| tú | तू |
| | tū |
| él | वह |
| | vah |
| ella | वह |
| | vah |
| ellos | वे |
| | ve |
| ellas | वे |
| | ve |
| nosotros /nosotras/ | हम |
| | ham |
| ustedes, vosotros | तुम |
| | tum |
| usted | आप |
| | āp |

---

| ENTRADA | प्रवेश |
| | pravesh |
| SALIDA | निकास |
| | nikās |

| | |
|---|---|
| FUERA DE SERVICIO | ख़राब है |
| | kharāb hai |
| CERRADO | बंद |
| | band |
| ABIERTO | खुला |
| | khula |
| PARA SEÑORAS | महिलाओं के लिए |
| | mahilaon ke lie |
| PARA CABALLEROS | पुरूषों के लिए |
| | purūshon ke lie |

# DICCIONARIO CONCISO

Esta sección contiene más
de 1.500 palabras útiles.
El diccionario incluye muchos
términos gastronómicos
y será de gran ayuda para
pedir alimentos en un
restaurante o comprando
comestibles en la tienda

# CONTENIDO
# DEL DICCIONARIO

T&P Books Publishing

| | | |
|---|---|---|
| tiempo (m) | वक़्त (m) | vakt |
| hora (f) | घंटा (m) | ghanta |
| media hora (f) | आधा घंटा | ādha ghanta |
| minuto (m) | मिनट (m) | minat |
| segundo (m) | सेकन्ड (m) | sekand |
| | | |
| hoy (adv) | आज | āj |
| mañana (adv) | कल | kal |
| ayer (adv) | कल | kal |
| | | |
| lunes (m) | सोमवार (m) | somavār |
| martes (m) | मंगलवार (m) | mangalavār |
| miércoles (m) | बुधवार (m) | budhavār |
| jueves (m) | गुरूवार (m) | gurūvār |
| viernes (m) | शुक्रवार (m) | shukravār |
| sábado (m) | शनिवार (m) | shanivār |
| domingo (m) | रविवार (m) | ravivār |
| | | |
| día (m) | दिन (m) | din |
| día (m) de trabajo | कार्यदिवस (m) | kāryadivas |
| día (m) de fiesta | सार्वजनिक छुट्टी (f) | sārvajanik chhuttī |
| fin (m) de semana | ससाहांत (m) | saptāhānt |
| | | |
| semana (f) | हफ़ता (f) | hafata |
| semana (f) pasada | पिछले हफ़ते | pichhale hafate |
| semana (f) que viene | अगले हफ़ते | agale hafate |
| | | |
| salida (f) del sol | सूर्योदय (m) | sūryoday |
| puesta (f) del sol | सूर्यास्त (m) | sūryāst |
| | | |
| por la mañana | सुबह में | subah men |
| por la tarde | दोपहर में | dopahar men |
| por la noche | शाम में | shām men |
| esta noche (p.ej. 8:00 p.m.) | आज शाम | āj shām |
| por la noche | रात में | rāt men |
| medianoche (f) | आधी रात (f) | ādhī rāt |
| | | |
| enero (m) | जनवरी (m) | janavarī |
| febrero (m) | फ़रवरी (m) | faravarī |
| marzo (m) | मार्च (m) | mārch |
| abril (m) | अप्रैल (m) | aprail |
| mayo (m) | माई (m) | maī |
| junio (m) | जून (m) | jūn |
| julio (m) | जुलाई (m) | julaī |

| | | |
|---|---|---|
| agosto (m) | अगस्त (m) | agast |
| septiembre (m) | सितम्बर (m) | sitambar |
| octubre (m) | अक्तूबर (m) | aktūbar |
| noviembre (m) | नवम्बर (m) | navambar |
| diciembre (m) | दिसम्बर (m) | disambar |
| | | |
| en primavera | वसन्त में | vasant men |
| en verano | गरमियों में | garamiyon men |
| en otoño | शरद में | sharad men |
| en invierno | सर्दियों में | sardiyon men |
| | | |
| mes (m) | महीना (m) | mahīna |
| estación (f) | मौसम (m) | mausam |
| año (m) | वर्ष (m) | varsh |
| siglo (m) | शताब्दी (f) | shatābadī |

## 2. Números. Los numerales

| | | |
|---|---|---|
| cifra (f) | अंक (m) | ank |
| número (m) (~ cardinal) | संख्या (f) | sankhya |
| menos (m) | घटाव चिह्न (m) | ghatāv chihn |
| más (m) | जोड़ चिह्न (m) | jor chihn |
| suma (f) | कुल (m) | kul |
| | | |
| primero (adj) | पहला | pahala |
| segundo (adj) | दूसरा | dūsara |
| tercero (adj) | तीसरा | tīsara |
| | | |
| cero | ज़ीरो | zīro |
| uno | एक | ek |
| dos | दो | do |
| tres | तीन | tīn |
| cuatro | चार | chār |
| | | |
| cinco | पाँच | pānch |
| seis | छह | chhah |
| siete | सात | sāt |
| ocho | आठ | āth |
| nueve | नौ | nau |
| diez | दस | das |
| | | |
| once | ग्यारह | gyārah |
| doce | बारह | bārah |
| trece | तेरह | terah |
| catorce | चौदह | chaudah |
| quince | पन्द्रह | pandrah |
| | | |
| dieciséis | सोलह | solah |
| diecisiete | सत्रह | satrah |
| dieciocho | अठारह | athārah |

| | | |
|---|---|---|
| diecinueve | उन्नीस | unnīs |
| veinte | बीस | bīs |
| treinta | तीस | tīs |
| cuarenta | चालीस | chālīs |
| cincuenta | पचास | pachās |
| | | |
| sesenta | साठ | sāth |
| setenta | सत्तर | sattar |
| ochenta | अस्सी | assī |
| noventa | नब्बे | nabbe |
| cien | सौ | sau |
| doscientos | दो सौ | do sau |
| trescientos | तीन सौ | tīn sau |
| cuatrocientos | चार सौ | chār sau |
| quinientos | पाँच सौ | pānch sau |
| | | |
| seiscientos | छह सौ | chhah sau |
| setecientos | सात सो | sāt so |
| ochocientos | आठ सौ | āth sau |
| novecientos | नौ सौ | nau sau |
| mil | एक हज़ार | ek hazār |
| | | |
| diez mil | दस हज़ार | das hazār |
| cien mil | एक लाख | ek lākh |
| millón (m) | दस लाख (m) | das lākh |
| mil millones | अरब (m) | arab |

## 3. El ser humano. Los familiares

| | | |
|---|---|---|
| hombre (m) (varón) | आदमी (m) | ādamī |
| joven (m) | युवक (m) | yuvak |
| adolescente (m) | किशोर (m) | kishor |
| mujer (f) | औरत (f) | aurat |
| muchacha (f) | लड़की (f) | larakī |
| | | |
| edad (f) | उम्र (f) | umr |
| adulto | व्यस्क | vyask |
| de edad media (adj) | अधेड़ | adhed |
| anciano, mayor (adj) | बुज़ुर्ग | buzurg |
| viejo (adj) | साल | sāl |
| | | |
| anciano (m) | बूढ़ा आदमी (m) | būrha ādamī |
| anciana (f) | बूढ़ी औरत (f) | būrhī aurat |
| jubilación (f) | सेवा-निवृत्ति (f) | seva-nivrtti |
| jubilarse | सेवा-निवृत होना | seva-nivrtt hona |
| jubilado (m) | सेवा-निवृत (m) | seva-nivrtt |
| | | |
| madre (f) | माँ (f) | mān |
| padre (m) | पिता (m) | pita |
| hijo (m) | बेटा (m) | beta |

| | | |
|---|---|---|
| hija (f) | बेटी (f) | betī |
| hermano (m) | भाई (m) | bhaī |
| hermana (f) | बहन (f) | bahan |
| | | |
| padres (pl) | माँ-बाप (m pl) | mān-bāp |
| niño -a (m, f) | बच्चा (m) | bachcha |
| niños (pl) | बच्चे (m pl) | bachche |
| madrastra (f) | सौतेली माँ (f) | sautelī mān |
| padrastro (m) | सौतेले पिता (m) | sautele pita |
| | | |
| abuela (f) | दादी (f) | dādī |
| abuelo (m) | दादा (m) | dāda |
| nieto (m) | पोता (m) | pota |
| nieta (f) | पोती (f) | potī |
| nietos (pl) | पोते (m) | pote |
| | | |
| tío (m) | चाचा (m) | chācha |
| tía (f) | चाची (f) | chāchī |
| sobrino (m) | भतीजा (m) | bhatīja |
| sobrina (f) | भतीजी (f) | bhatījī |
| | | |
| mujer (f) | पत्नी (f) | patnī |
| marido (m) | पति (m) | pati |
| casado (adj) | शादीशुदा | shādīshuda |
| casada (adj) | शादीशुदा | shādīshuda |
| viuda (f) | विधवा (f) | vidhava |
| viudo (m) | विधुर (m) | vidhur |
| | | |
| nombre (m) | पहला नाम (m) | pahala nām |
| apellido (m) | उपनाम (m) | upanām |
| | | |
| pariente (m) | रिश्तेदार (m) | rishtedār |
| amigo (m) | दोस्त (m) | dost |
| amistad (f) | दोस्ती (f) | dostī |
| | | |
| compañero (m) | पार्टनर (m) | pārtanar |
| superior (m) | अधीक्षक (m) | adhīkshak |
| colega (m, f) | सहकर्मी (m) | sahakarmī |
| vecinos (pl) | पड़ोसी (m pl) | parosī |

## 4. El cuerpo. La anatomía humana

| | | |
|---|---|---|
| organismo (m) | शरीर (m) | sharīr |
| cuerpo (m) | शरीर (m) | sharīr |
| corazón (m) | दिल (m) | dil |
| sangre (f) | खून (f) | khūn |
| cerebro (m) | मस्तिष्क (m) | māstishk |
| nervio (m) | नस (f) | nas |
| hueso (m) | हड्डी (f) | haddī |
| esqueleto (m) | कंकाल (m) | kankāl |

| | | |
|---|---|---|
| columna (f) vertebral | रीढ़ की हड्डी | rīrh kī haddī |
| costilla (f) | पसली (f) | pasalī |
| cráneo (m) | खोपड़ी (f) | khoparī |
| | | |
| músculo (m) | मांसपेशी (f) | mānsapeshī |
| pulmones (m pl) | फेफड़े (m pl) | fefare |
| piel (f) | त्वचा (f) | tvacha |
| | | |
| cabeza (f) | सिर (m) | sir |
| cara (f) | चेहरा (m) | chehara |
| nariz (f) | नाक (f) | nāk |
| frente (f) | माथा (m) | mātha |
| mejilla (f) | गाल (m) | gāl |
| boca (f) | मुँह (m) | munh |
| lengua (f) | जीभ (m) | jībh |
| diente (m) | दाँत (f) | dānt |
| labios (m pl) | होंठ (m) | honth |
| mentón (m) | ठोड़ी (f) | thorī |
| | | |
| oreja (f) | कान (m) | kān |
| cuello (m) | गरदन (m) | garadan |
| garganta (f) | गला (m) | gala |
| | | |
| ojo (m) | आँख (f) | ānkh |
| pupila (f) | आँख की पुतली (f) | ānkh kī putalī |
| ceja (f) | भौंह (f) | bhaunh |
| pestaña (f) | बरौनी (f) | baraunī |
| | | |
| pelo, cabello (m) | बाल (m pl) | bāl |
| peinado (m) | हेयरस्टाइल (m) | heyarastail |
| bigote (m) | मूँछें (f pl) | mūnchhen |
| barba (f) | दाढ़ी (f) | dārhī |
| tener (~ la barba) | होना | hona |
| calvo (adj) | गंजा | ganja |
| | | |
| mano (f) | हाथ (m) | hāth |
| brazo (m) | बाँह (m) | bānh |
| dedo (m) | उँगली (m) | ungalī |
| uña (f) | नाखून (m) | nākhūn |
| palma (f) | हथेली (f) | hathelī |
| | | |
| hombro (m) | कंधा (m) | kandha |
| pierna (f) | टाँग (f) | tāng |
| planta (f) | पैर का तलवा (m) | pair ka talava |
| | | |
| rodilla (f) | घुटना (m) | ghutana |
| talón (m) | एड़ी (f) | erī |
| | | |
| espalda (f) | पीठ (f) | pīth |
| cintura (f), talle (m) | कमर (f) | kamar |
| lunar (m) | सौंदर्य चिन्ह (f) | saundary chinh |
| marca (f) de nacimiento | जन्म चिह्न (m) | janm chihn |

## 5. La medicina. Las drogas

| | | |
|---|---|---|
| salud (f) | सेहत (f) | sehat |
| sano (adj) | तंदरुस्त | tandarūst |
| enfermedad (f) | बीमारी (f) | bīmārī |
| estar enfermo | बीमार होना | bīmār hona |
| enfermo (adj) | बीमार | bīmār |
| | | |
| resfriado (m) | जुकाम (f) | zukām |
| resfriarse (vr) | जुकाम हो जाना | zukām ho jāna |
| angina (f) | टॉन्सिल (m) | tonsil |
| pulmonía (f) | निमोनिया (f) | nimoniya |
| gripe (f) | फ्लू (m) | flū |
| | | |
| resfriado (m) (coriza) | नज़ला (m) | nazala |
| tos (f) | खाँसी (f) | khānsī |
| toser (vi) | खाँसना | khānsana |
| estornudar (vi) | छींकना | chhīnkana |
| | | |
| insulto (m) | स्ट्रोक (m) | strok |
| ataque (m) cardiaco | दिल का दौरा (m) | dil ka daura |
| alergia (f) | एलर्जी (f) | elarjī |
| asma (f) | दमा (f) | dama |
| diabetes (f) | शूगर (f) | shūgar |
| | | |
| tumor (m) | ट्यूमर (m) | tyūmar |
| cáncer (m) | कर्क रोग (m) | kark rog |
| alcoholismo (m) | शराबीपन (m) | sharābīpan |
| SIDA (m) | ऐड्स (m) | aids |
| fiebre (f) | बुखार (m) | bukhār |
| mareo (m) | जहाज़ी मतली (f) | jahāzī matalī |
| | | |
| moradura (f) | नील (m) | nīl |
| chichón (m) | गुमड़ा (m) | gumara |
| cojear (vi) | लंगड़ाना | langarāna |
| dislocación (f) | हड्डी खिसकना (f) | haddī khisakana |
| dislocar (vt) | हड्डी खिसकना | haddī khisakana |
| | | |
| fractura (f) | हड्डी टूट जाना (f) | haddī tūt jāna |
| quemadura (f) | जला होना | jala hona |
| herida (f) | चोट (f) | chot |
| dolor (m) | दर्द (f) | dard |
| dolor (m) de muelas | दाँत दर्द (m) | dānt dard |
| | | |
| sudar (vi) | पसीना निकलना | pasīna nikalana |
| sordo (adj) | बहरा | bahara |
| mudo (adj) | गूँगा | gūnga |
| | | |
| inmunidad (f) | रोग प्रतिरोधक शक्ति (f) | rog pratirodhak shakti |
| virus (m) | विषाणु (m) | vishānu |
| microbio (m) | कीटाणु (m) | kītānu |

| | | |
|---|---|---|
| bacteria (f) | जीवाणु (m) | jīvānu |
| infección (f) | संक्रमण (m) | sankraman |
| | | |
| hospital (m) | अस्पताल (m) | aspatāl |
| cura (f) | इलाज (m) | ilāj |
| vacunar (vt) | टीका लगाना | tīka lagāna |
| estar en coma | कोमा में चले जाना | koma men chale jāna |
| revitalización (f) | गहन चिकित्सा (f) | gahan chikitsa |
| síntoma (m) | लक्षण (m) | lakshan |
| pulso (m) | नब्ज़ (f) | nabz |

## 6. Los sentimientos. Las emociones

| | | |
|---|---|---|
| yo | मैं | main |
| tú | तुम | tum |
| él, ella, ello | वह | vah |
| | | |
| nosotros, -as | हम | ham |
| vosotros, -as | आप | āp |
| ellos, ellas | वे | ve |
| ¡Hola! (fam.) | नमस्कार! | namaskār! |
| ¡Hola! (form.) | नमस्ते! | namaste! |
| ¡Buenos días! | नमस्ते! | namaste! |
| ¡Buenas tardes! | नमस्ते! | namaste! |
| ¡Buenas noches! | नमस्ते! | namaste! |
| | | |
| decir hola | नमस्कार कहना | namaskār kahana |
| saludar (vt) | अभिवादन करना | abhivādan karana |
| ¿Cómo estás? | आप कैसे हैं? | āp kaise hain? |
| ¡Chau! ¡Adiós! | अलविदा! | alavida! |
| ¡Gracias! | धन्यवाद! | dhanyavād! |
| | | |
| sentimientos (m pl) | भावनाएं (f) | bhāvanaen |
| tener hambre | भूख लगना | bhūkh lagana |
| tener sed | प्यास लगना | pyās lagana |
| cansado (adj) | थका हुआ | thaka hua |
| | | |
| inquietarse (vr) | फ़िक्रमंद होना | fikramand hona |
| estar nervioso | घबराना | ghabarāna |
| esperanza (f) | आशा (f) | āsha |
| esperar (tener esperanza) | आशा रखना | āsha rakhana |
| | | |
| carácter (m) | चरित्र (m) | charitr |
| modesto (adj) | विनम्र | vinamr |
| perezoso (adj) | आलसी | ālasī |
| generoso (adj) | उदार | udār |
| talentoso (adj) | प्रतिभाशाली | pratibhāshālī |
| | | |
| honesto (adj) | ईमानदार | īmānadār |
| serio (adj) | गम्भीर | gambhīr |

| | | |
|---|---|---|
| tímido (adj) | शर्मीला | sharmīla |
| sincero (adj) | हार्दिक | hārdik |
| cobarde (m) | कायर (m) | kāyar |
| | | |
| dormir (vi) | सोना | sona |
| sueño (m) (dulces ~s) | सपना (f) | sapana |
| cama (f) | पलंग (m) | palang |
| almohada (f) | तकिया (m) | takiya |
| | | |
| insomnio (m) | अनिद्रा (m) | anidra |
| irse a la cama | सोने जाना | sone jāna |
| pesadilla (f) | डरावना सपना (m) | darāvana sapana |
| despertador (m) | अलार्म घड़ी (f) | alārm gharī |
| | | |
| sonrisa (f) | मुस्कान (f) | muskān |
| sonreír (vi) | मुस्कुराना | muskurāna |
| reírse (vr) | हसना | hansana |
| | | |
| disputa (f), riña (f) | झगड़ा (m) | jhagara |
| insulto (m) | अपमान (m) | apamān |
| ofensa (f) | द्वेष (f) | dvesh |
| enfadado (adj) | नाराज़ | nārāz |

## 7. La ropa. Accesorios personales

| | | |
|---|---|---|
| ropa (f) | कपड़े (m) | kapare |
| abrigo (m) | ओवरकोट (m) | ovarakot |
| abrigo (m) de piel | फर्कोट (m) | farakot |
| cazadora (f) | जैकेट (f) | jaiket |
| impermeable (m) | बरसाती (f) | barasātī |
| camisa (f) | कमीज़ (f) | kamīz |
| pantalones (m pl) | पैंट (m) | paint |
| chaqueta (f), saco (m) | कोट (m) | kot |
| traje (m) | सूट (m) | sūt |
| | | |
| vestido (m) | फ्रॉक (f) | frok |
| falda (f) | स्कर्ट (f) | skart |
| camiseta (f) (T-shirt) | टी-शर्ट (f) | tī-shart |
| bata (f) de baño | बाथ रोब (m) | bāth rob |
| pijama (m) | पजामा (m) | pajāma |
| ropa (f) de trabajo | वर्दी (f) | vardī |
| | | |
| ropa (f) interior | अंगवस्त्र (m) | angavastr |
| calcetines (m pl) | मोज़े (m pl) | moze |
| sostén (m) | ब्रा (f) | bra |
| pantimedias (f pl) | टाइट्स (m pl) | taits |
| medias (f pl) | स्टाकिंग (m pl) | stāking |
| traje (m) de baño | स्विम सूट (m) | svim sūt |
| gorro (m) | टोपी (f) | topī |
| calzado (m) | पनही (f) | panahī |

| | | |
|---|---|---|
| botas (f pl) altas | बूट (m pl) | būt |
| tacón (m) | एड़ी (f) | erī |
| cordón (m) | जूते का फ़ीता (m) | jūte ka fīta |
| betún (m) | बूट-पालिश (m) | būt-pālish |
| | | |
| algodón (m) | कपास (m) | kapās |
| lana (f) | ऊन (m) | ūn |
| piel (f) (~ de zorro, etc.) | फ़र (m) | far |
| | | |
| guantes (m pl) | दस्ताने (m pl) | dastāne |
| manoplas (f pl) | दस्ताने (m pl) | dastāne |
| bufanda (f) | मफ़लर (m) | mafalar |
| gafas (f pl) | ऐनक (m pl) | ainak |
| paraguas (m) | छतरी (f) | chhatarī |
| | | |
| corbata (f) | टाई (f) | taī |
| moquero (m) | रूमाल (m) | rūmāl |
| peine (m) | कंघा (m) | kangha |
| cepillo (m) de pelo | ब्रश (m) | brash |
| hebilla (f) | बकसुआ (m) | bakasua |
| cinturón (m) | बेल्ट (m) | belt |
| bolso (m) | पर्स (m) | pars |
| | | |
| cuello (m) | कॉलर (m) | kolar |
| bolsillo (m) | जेब (m) | jeb |
| manga (f) | आस्तीन (f) | āstīn |
| bragueta (f) | ज़िप (f) | zip |
| | | |
| cremallera (f) | ज़िप (f) | zip |
| botón (m) | बटन (m) | batan |
| ensuciarse (vr) | मैला होना | maila hona |
| mancha (f) | धब्बा (m) | dhabba |

## 8. La ciudad. Las instituciones urbanas

| | | |
|---|---|---|
| tienda (f) | दुकान (f) | dukān |
| centro (m) comercial | शॉपिंग मॉल (m) | shoping mol |
| supermercado (m) | सुपर बाज़ार (m) | supar bāzār |
| zapatería (f) | जूते की दुकान (f) | jūte kī dukān |
| librería (f) | किताबों की दुकान (f) | kitābon kī dukān |
| | | |
| farmacia (f) | दवाख़ाना (m) | davākhāna |
| panadería (f) | बेकरी (f) | bekarī |
| pastelería (f) | टॉफ़ी की दुकान (f) | tofī kī dukān |
| tienda (f) de comestibles | परचून की दुकान (f) | parachūn kī dukān |
| carnicería (f) | गोश्त की दुकान (f) | gosht kī dukān |
| verdulería (f) | सब्ज़ियों की दुकान (f) | sabziyon kī dukān |
| mercado (m) | बाज़ार (m) | bāzār |
| peluquería (f) | नाई की दुकान (f) | naī kī dukān |
| oficina (f) de correos | डाकघर (m) | dākaghar |

| tintorería (f) | ड्राइक्लीनर (m) | draiklīnar |
| circo (m) | सर्कस (m) | sarkas |
| zoológico (m) | चिड़ियाघर (m) | chiriyāghar |
| teatro (m) | रंगमंच (m) | rangamanch |
| cine (m) | सिनेमाघर (m) | sinemāghar |
| museo (m) | संग्रहालय (m) | sangrahālay |
| biblioteca (f) | पुस्तकालय (m) | pustakālay |

| mezquita (f) | मस्जिद (m) | masjid |
| sinagoga (f) | सीनागोग (m) | sīnāgog |
| catedral (f) | गिरजाघर (m) | girajāghar |
| templo (m) | मंदिर (m) | mandir |
| iglesia (f) | गिरजाघर (m) | girajāghar |

| instituto (m) | कॉलेज (m) | kolej |
| universidad (f) | विश्वविद्यालय (m) | vishvavidyālay |
| escuela (f) | विद्यालय (m) | vidyālay |

| hotel (m) | होटल (f) | hotal |
| banco (m) | बैंक (m) | baink |
| embajada (f) | दूतावास (m) | dūtāvas |
| agencia (f) de viajes | पर्यटन ऑफ़िस (m) | paryatan āfis |

| metro (m) | मेट्रो (m) | metro |
| hospital (m) | अस्पताल (m) | aspatāl |
| gasolinera (f) | पेट्रोल पम्प (f) | petrol pamp |
| aparcamiento (m) | पार्किंग (f) | pārking |

| ENTRADA | प्रवेश | pravesh |
| SALIDA | निकास | nikās |
| EMPUJAR | धक्का दें | dhakka den |
| TIRAR | खींचे | khīnche |
| ABIERTO | खुला | khula |
| CERRADO | बंद | band |

| monumento (m) | स्मारक (m) | smārak |
| fortaleza (f) | किला (m) | kila |
| palacio (m) | भवन (m) | bhavan |

| medieval (adj) | मध्ययुगीय | madhayayugīy |
| antiguo (adj) | प्राचीन | prāchīn |
| nacional (adj) | राष्ट्रीय | rāshtrīy |
| conocido (adj) | मशहूर | mashhūr |

## 9. El dinero. Las finanzas

| dinero (m) | पैसा (m pl) | paisa |
| moneda (f) | सिक्का (m) | sikka |
| dólar (m) | डॉलर (m) | dolar |
| euro (m) | यूरो (m) | yūro |

| | | |
|---|---|---|
| cajero (m) automático | एटीएम (m) | etīem |
| oficina (f) de cambio | मुद्रालय (m) | mudrālay |
| curso (m) | विनिमय दर (m) | vinimay dar |
| dinero (m) en efectivo | कैश (m pl) | kaish |
| ¿Cuánto? | कितना? | kitana? |
| pagar (vi, vt) | दाम चुकाना | dām chukāna |
| pago (m) | भुगतान (m) | bhugatān |
| cambio (m) (devolver el ~) | चिल्लर (m) | chillar |
| | | |
| precio (m) | दाम (m) | dām |
| descuento (m) | डिस्काउन्ट (m) | diskaunt |
| barato (adj) | सस्ता | sasta |
| caro (adj) | महंगा | mahanga |
| | | |
| banco (m) | बैंक (m) | baink |
| cuenta (f) | बैंक खाता (m) | baink khāta |
| tarjeta (f) de crédito | क्रेडिट कार्ड (m) | kredit kārd |
| cheque (m) | चेक (m) | chek |
| sacar un cheque | चेक लिखना | chek likhana |
| talonario (m) | चेकबुक (f) | chekabuk |
| | | |
| deuda (f) | कर्ज़ (m) | karz |
| deudor (m) | क़र्ज़दार (m) | qarzadār |
| prestar (vt) | कर्ज़ देना | karz dena |
| tomar prestado | कर्ज़ लेना | karz lena |
| | | |
| alquilar (vt) | किराए पर लेना | kirae par lena |
| a crédito (adv) | क्रेडिट पर | kredit par |
| cartera (f) | बटुआ (m) | batua |
| caja (f) fuerte | लॉकर (m) | lokar |
| herencia (f) | उत्तराधिकार (m) | uttarādhikār |
| fortuna (f) | संपत्ति (f) | sampatti |
| | | |
| impuesto (m) | टैक्स (m) | taiks |
| multa (f) | जुर्माना (m) | jurmāna |
| multar (vt) | जुर्माना लगाना | jurmāna lagāna |
| | | |
| al por mayor (adj) | थोक | thok |
| al por menor (adj) | खुदरा | khudara |
| asegurar (vt) | बीमा करना | bīma karana |
| seguro (m) | बीमा (m) | bīma |
| | | |
| capital (m) | पूँजी (f) | pūnjī |
| volumen (m) de negocio | कुल बिक्री (f) | kul bikrī |
| acción (f) | शेयर (f) | sheyar |
| beneficio (m) | नफ़ा (m) | nafa |
| beneficioso (adj) | लाभदायक | lābhadāyak |
| | | |
| crisis (f) | संकट (m) | sankat |
| bancarrota (f) | दिवाला (m) | divāla |
| ir a la bancarrota | दिवालिया हो जाना | divāliya ho jāna |
| contable (m) | लेखापाल (m) | lekhāpāl |

| salario (m) | आय (f) | āy |
| premio (m) | बोनस (m) | bonas |

## 10. El transporte

| autobús (m) | बस (f) | bas |
| tranvía (m) | ट्रैम (m) | traim |
| trolebús (m) | ट्रॉलीबस (f) | trolības |

| ir en ... | के माध्यम से जाना | ke mādhyam se jāna |
| tomar (~ el autobús) | सवार होना | savār hona |
| bajar (~ del tren) | उतरना | utarana |

| parada (f) | बस स्टॉप (m) | bas stop |
| parada (f) final | अंतिम स्टेशन (m) | antim steshan |
| horario (m) | समय सारणी (f) | samay sāranī |
| billete (m) | टिकट (m) | tikat |
| llegar tarde (vi) | देर हो जाना | der ho jāna |

| taxi (m) | टैक्सी (m) | taiksī |
| en taxi | टैक्सी से (m) | taiksī se |
| parada (f) de taxi | टैक्सी स्टैंड (m) | taiksī staind |

| tráfico (m) | यातायात (f) | yātāyāt |
| horas (f pl) de punta | भीड़ का समय (m) | bhīr ka samay |
| aparcar (vi) | पार्क करना | pārk karana |

| metro (m) | मेट्रो (m) | metro |
| estación (f) | स्टेशन (m) | steshan |
| tren (m) | रेलगाड़ी, ट्रेन (f) | relagārī, tren |
| estación (f) | स्टेशन (m) | steshan |
| rieles (m pl) | पटरियाँ (f) | patariyān |
| compartimiento (m) | डिब्बा (m) | dibba |
| litera (f) | बर्थ (f) | barth |

| avión (m) | विमान (m) | vimān |
| billete (m) de avión | हवाई टिकट (m) | havaī tikat |
| compañía (f) aérea | हवाई कम्पनी (f) | havaī kampanī |
| aeropuerto (m) | हवाई अड्डा (m) | havaī adda |

| vuelo (m) | उड़ान (m) | urān |
| equipaje (m) | सामान (m) | sāmān |
| carrito (m) de equipaje | सामान के लिये गाड़ी (f) | sāmān ke liye gārī |

| barco, buque (m) | जहाज़ (m) | jahāz |
| trasatlántico (m) | लाइनर (m) | lainar |
| yate (m) | याख्ट (m) | yākht |
| bote (m) de remo | नाव (m) | nāv |
| capitán (m) | कप्तान (m) | kaptān |
| camarote (m) | कैबिन (m) | kaibin |

| | | |
|---|---|---|
| puerto (m) | बंदरगाह (m) | bandaragāh |
| bicicleta (f) | साइकिल (f) | saikil |
| scooter (m) | स्कूटर (m) | skūtar |
| motocicleta (f) | मोटरसाइकिल (f) | motarasaikil |
| pedal (m) | पेडल (m) | pedal |
| bomba (f) | पंप (m) | pamp |
| rueda (f) | पहिया (m) | pahiya |
| | | |
| coche (m) | कार (f) | kār |
| ambulancia (f) | एम्बुलेंस (f) | embulens |
| camión (m) | ट्रक (m) | trak |
| de ocasión (adj) | पुरानी | purānī |
| accidente (m) | दुर्घटना (f) | durghatana |
| reparación (f) | मरम्मत (f) | marammat |

## 11. La comida. Unidad 1

| | | |
|---|---|---|
| carne (f) | गोश्त (m) | gosht |
| gallina (f) | चीकन (m) | chīkan |
| pato (m) | बतख़ (f) | battakh |
| | | |
| carne (f) de cerdo | सुअर का गोश्त (m) | suar ka gosht |
| carne (f) de ternera | बछड़े का गोश्त (m) | bachhare ka gosht |
| carne (f) de carnero | भेड़ का गोश्त (m) | bher ka gosht |
| carne (f) de vaca | गाय का गोश्त (m) | gāy ka gosht |
| | | |
| salchichón (m) | सॉसेज (f) | sosej |
| huevo (m) | अंडा (m) | anda |
| pescado (m) | मछली (f) | machhalī |
| queso (m) | पनीर (m) | panīr |
| azúcar (m) | चीनी (f) | chīnī |
| sal (f) | नमक (m) | namak |
| | | |
| arroz (m) | चावल (m) | chāval |
| macarrones (m pl) | पास्ता (m) | pāsta |
| mantequilla (f) | मक्खन (m) | makkhan |
| aceite (m) vegetal | तेल (m) | tel |
| pan (m) | ब्रेड (f) | bred |
| chocolate (m) | चॉकलेट (m) | chokalet |
| | | |
| vino (m) | वाइन (f) | vain |
| café (m) | कॉफ़ी (f) | kofī |
| leche (f) | दूध (m) | dūdh |
| zumo (m), jugo (m) | रस (m) | ras |
| cerveza (f) | बियर (m) | biyar |
| té (m) | चाय (f) | chāy |
| | | |
| tomate (m) | टमाटर (m) | tamātar |
| pepino (m) | खीरा (m) | khīra |
| zanahoria (f) | गाजर (f) | gājar |

| | | |
|---|---|---|
| patata (f) | आलू (m) | ālū |
| cebolla (f) | प्याज़ (m) | pyāz |
| ajo (m) | लहसुन (m) | lahasun |
| | | |
| col (f) | पत्ता गोभी (f) | patta gobhī |
| remolacha (f) | चुकन्दर (m) | chukandar |
| berenjena (f) | बैंगन (m) | baingan |
| eneldo (m) | सोआ (m) | soa |
| lechuga (f) | सलाद पत्ता (m) | salād patta |
| maíz (m) | मकई (f) | makī |
| | | |
| fruto (m) | फल (m) | fal |
| manzana (f) | सेब (m) | seb |
| pera (f) | नाशपाती (f) | nāshapātī |
| limón (m) | नींबू (m) | nīmbū |
| naranja (f) | संतरा (m) | santara |
| fresa (f) | स्ट्रॉबेरी (f) | stroberī |
| | | |
| ciruela (f) | आलूबुखारा (m) | ālūbukhāra |
| frambuesa (f) | रसभरी (f) | rasabharī |
| piña (f) | अनानास (m) | anānās |
| banana (f) | केला (m) | kela |
| sandía (f) | तरबूज़ (m) | tarabūz |
| uva (f) | अंगूर (m) | angūr |
| melón (m) | खरबूज़ा (f) | kharabūza |

## 12. La comida. Unidad 2

| | | |
|---|---|---|
| cocina (f) | व्यंजन (m) | vyanjan |
| receta (f) | रैसीपी (f) | raisīpī |
| comida (f) | खाना (m) | khāna |
| | | |
| desayunar (vi) | नाश्ता करना | nāshta karana |
| almorzar (vi) | दोपहर का भोजन करना | dopahar ka bhojan karana |
| cenar (vi) | रात्रिभोज करना | rātribhoj karana |
| | | |
| sabor (m) | स्वाद (m) | svād |
| sabroso (adj) | स्वादिष्ट | svādisht |
| frío (adj) | ठंडा | thanda |
| caliente (adj) | गरम | garam |
| azucarado, dulce (adj) | मीठा | mītha |
| salado (adj) | नमकीन | namakīn |
| | | |
| bocadillo (m) | सैन्डविच (m) | saindavich |
| guarnición (f) | साइड डिश (f) | said dish |
| relleno (m) | फ़िलिंग (f) | filing |
| salsa (f) | चटनी (f) | chatanī |
| pedazo (m) | टुकड़ा (m) | tukara |
| dieta (f) | डाइट (m) | dait |
| vitamina (f) | विटामिन (m) | vitāmin |

| | | |
|---|---|---|
| caloría (f) | कैलोरी (f) | kailorī |
| vegetariano (m) | शाकाहारी (m) | shākāhārī |
| | | |
| restaurante (m) | रेस्टराँ (m) | restarān |
| cafetería (f) | कॉफ़ी हाउस (m) | kofī haus |
| apetito (m) | भूख (f) | bhūkh |
| ¡Que aproveche! | अपने भोजन का आनंद उठाएं! | apane bhojan ka ānand uthaen! |
| | | |
| camarero (m) | बैरा (m) | baira |
| camarera (f) | बैरी (f) | bairī |
| barman (m) | बारमैन (m) | bāramain |
| carta (f), menú (m) | मेनू (m) | menū |
| | | |
| cuchara (f) | चम्मच (m) | chammach |
| cuchillo (m) | छुरी (f) | chhurī |
| tenedor (m) | काँटा (m) | kānta |
| taza (f) | प्याला (m) | pyāla |
| | | |
| plato (m) | तश्तरी (f) | tashtarī |
| platillo (m) | सॉसर (m) | sosar |
| servilleta (f) | नैपकीन (m) | naipakīn |
| mondadientes (m) | टूथपिक (m) | tūthapik |
| | | |
| pedir (vt) | आर्डर देना | ārdar dena |
| plato (m) | पकवान (m) | pakavān |
| porción (f) | भाग (m) | bhāg |
| entremés (m) | एपेटाइज़र (m) | epetaizar |
| ensalada (f) | सलाद (m) | salād |
| sopa (f) | सूप (m) | sūp |
| | | |
| postre (m) | मीठा (m) | mītha |
| confitura (f) | जैम (m) | jaim |
| helado (m) | आईस-क्रीम (f) | āīs-krīm |
| cuenta (f) | बिल (m) | bil |
| pagar la cuenta | बील का भुगतान करना | bīl ka bhugatān karana |
| propina (f) | टिप (f) | tip |

## 13. La casa. El apartamento. Unidad 1

| | | |
|---|---|---|
| casa (f) | मकान (m) | makān |
| casa (f) de campo | गाँव का मकान (m) | gānv ka makān |
| villa (f) | बंगला (m) | bangala |
| | | |
| piso (m), planta (f) | मंज़िल (f) | manzil |
| entrada (f) | प्रवेश-द्वार (m) | pravesh-dvār |
| pared (f) | दीवार (f) | dīvār |
| techo (m) | छत (f) | chhat |
| chimenea (f) | चिमनी (f) | chimanī |
| desván (m) | अटारी (f) | atārī |

| | | |
|---|---|---|
| ventana (f) | खिड़की (f) | khirakī |
| alféizar (m) | विन्डो सिल (m) | vindo sil |
| balcón (m) | बाल्कनी (f) | bālkanī |
| | | |
| escalera (f) | सीढ़ी (f) | sīrhī |
| buzón (m) | लेटर बॉक्स (m) | letar boks |
| contenedor (m) de basura | कचरे का डब्बा (m) | kachare ka dabba |
| ascensor (m) | लिफ़्ट (m) | lift |
| | | |
| electricidad (f) | बिजली (f) | bijalī |
| bombilla (f) | बल्ब (m) | balb |
| interruptor (m) | स्विच (m) | svich |
| enchufe (m) | सॉकेट (m) | soket |
| fusible (m) | फ्यूज़ (m) | fyūz |
| | | |
| puerta (f) | दरवाज़ा (m) | daravāza |
| tirador (m) | हत्था (m) | hattha |
| llave (f) | चाबी (f) | chābī |
| felpudo (m) | पायदान (m) | pāyadān |
| | | |
| cerradura (f) | ताला (m) | tāla |
| timbre (m) | घंटी (f) | ghantī |
| toque (m) a la puerta | खटखट (f) | khatakhat |
| tocar la puerta | खटखटाना | khatakhatāna |
| mirilla (f) | पीप होल (m) | pīp hol |
| | | |
| patio (m) | आंगन (m) | āngan |
| jardín (m) | बाग़ (m) | bāg |
| piscina (f) | तरण-ताल (m) | taran-tāl |
| gimnasio (m) | व्यायाम कक्ष (m) | vyāyām kaksh |
| | | |
| cancha (f) de tenis | टेनिस-कोर्ट (m) | tenis-kort |
| garaje (m) | गराज (m) | garāj |
| | | |
| propiedad (f) privada | निजी सम्पति (f) | nījī sampatti |
| letrero (m) de aviso | चेतावनी संकेत (m) | chetāvanī sanket |
| | | |
| seguridad (f) | सुरक्षा (f) | suraksha |
| guardia (m) de seguridad | पहरेदार (m) | paharedār |
| | | |
| renovación (f) | नवीकरण (m) | navīkaran |
| renovar (vt) | नवीकरण करना | navīkaran karana |
| poner en orden | ठीक करना | thīk karana |
| | | |
| pintar (las paredes) | रंगना | rangana |
| empapelado (m) | वॉल-पैपर (m pl) | vol-paipar |
| | | |
| cubrir con barniz | पॉलिश करना | polish karana |
| tubo (m) | पाइप (m) | paip |
| instrumentos (m pl) | औज़ार (m pl) | auzār |
| sótano (m) | तहख़ाना (m) | tahakhāna |
| alcantarillado (m) | मलप्रवाह-पद्धति (f) | malapravāh-paddhati |

## 14. La casa. El apartamento. Unidad 2

| | | |
|---|---|---|
| apartamento (m) | फ़्लैट (f) | flait |
| habitación (f) | कमरा (m) | kamara |
| dormitorio (m) | सोने का कमरा (m) | sone ka kamara |
| comedor (m) | खाने का कमरा (m) | khāne ka kamara |
| | | |
| salón (m) | बैठक (f) | baithak |
| despacho (m) | घरेलू कार्यालय (m) | gharelū kāryālay |
| antecámara (f) | प्रवेश कक्ष (m) | pravesh kaksh |
| cuarto (m) de baño | स्नानघर (m) | snānaghar |
| servicio (m) | शौचालय (m) | shauchālay |
| | | |
| suelo (m) | फ़र्श (m) | farsh |
| techo (m) | छत (f) | chhat |
| | | |
| limpiar el polvo | धूल पोंछना | dhūl ponchhana |
| aspirador (m), aspiradora (f) | वैक्युम क्लीनर (m) | vaikyum klīnar |
| limpiar con la aspiradora | वैक्यूम करना | vaikyūm karana |
| | | |
| fregona (f) | पोंछा (m) | ponchha |
| trapo (m) | डस्टर (m) | dastar |
| escoba (f) | झाड़ू (m) | jhārū |
| cogedor (m) | कूड़ा उठाने का तसला (m) | kūra uthāne ka tasala |
| muebles (m pl) | फ़र्निचर (m) | farnichar |
| mesa (f) | मेज़ (f) | mez |
| silla (f) | कुर्सी (f) | kursī |
| sillón (m) | हत्थे वाली कुर्सी (f) | hatthe vālī kursī |
| | | |
| librería (f) | किताबों की अलमारी (f) | kitābon kī alamārī |
| estante (m) | शेल्फ़ (f) | shelf |
| armario (m) | कपड़ों की अलमारी (f) | kaparon kī alamārī |
| | | |
| espejo (m) | आईना (m) | āīna |
| tapiz (m) | कालीन (m) | kālīn |
| chimenea (f) | चिमनी (f) | chimanī |
| cortinas (f pl) | परदे (m pl) | parade |
| lámpara (f) de mesa | मेज़ का लैम्प (m) | mez ka laimp |
| lámpara (f) de araña | झूमर (m) | jhūmar |
| | | |
| cocina (f) | रसोईघर (m) | rasoīghar |
| cocina (f) de gas | गैस का चूल्हा (m) | gais ka chūlha |
| cocina (f) eléctrica | बिजली का चूल्हा (m) | bijalī ka chūlha |
| horno (m) microondas | माइक्रोवेब ओवन (m) | maikrovev ovan |
| | | |
| frigorífico (m) | फ़्रिज (m) | frij |
| congelador (m) | फ़्रीज़र (m) | frījar |
| lavavajillas (m) | डिशवॉशर (m) | dishavoshar |
| grifo (m) | टोंटी (f) | tontī |
| picadora (f) de carne | कीमा बनाने की मशीन (f) | kīma banāne kī mashīn |
| exprimidor (m) | जूसर (m) | jūsar |

| | | |
|---|---|---|
| tostador (m) | टोस्टर (m) | tostar |
| batidora (f) | मिक्सर (m) | miksar |
| | | |
| cafetera (f) (aparato de cocina) | कॉफ़ी मशीन (f) | kofī mashīn |
| hervidor (m) de agua | केतली (f) | ketalī |
| tetera (f) | चायदानी (f) | chāyadānī |
| | | |
| televisor (m) | टीवी सेट (m) | tīvī set |
| vídeo (m) | वीडियो टेप रिकार्डर (m) | vīdiyo tep rikārdar |
| plancha (f) | इस्तरी (f) | istarī |
| teléfono (m) | टेलीफ़ोन (m) | telīfon |

## 15. Los trabajos. El estatus social

| | | |
|---|---|---|
| director (m) | निदेशक (m) | nideshak |
| superior (m) | वरिष्ठ अधिकारी (m) | varishth adhikārī |
| presidente (m) | अध्यक्ष (m) | adhyaksh |
| asistente (m) | सहायक (m) | sahãyak |
| secretario, -a (m, f) | सेक्रटरी (f) | sekratarī |
| | | |
| propietario (m) | मालिक (m) | mālik |
| socio (m) | पार्टनर (m) | pārtanar |
| accionista (m) | शेयर होलडर (m) | sheyar holadar |
| | | |
| hombre (m) de negocios | व्यापारी (m) | vyāpārī |
| millonario (m) | लखपति (m) | lakhapati |
| multimillonario (m) | करोड़पति (m) | karorapati |
| | | |
| actor (m) | अभिनेता (m) | abhineta |
| arquitecto (m) | वास्तुकार (m) | vāstukār |
| banquero (m) | बैंकर (m) | bainkar |
| broker (m) | ब्रोकर (m) | brokar |
| veterinario (m) | पशुचिकित्सक (m) | pashuchikitsak |
| médico (m) | चिकित्सक (m) | chikitsak |
| camarera (f) | चैम्बरमेड (f) | chaimbaramed |
| diseñador (m) | डिज़ाइनर (m) | dizainar |
| corresponsal (m) | पत्रकार (m) | patrakār |
| repartidor (m) | कूरियर (m) | kūriyar |
| | | |
| electricista (m) | बिजलीवाला (m) | bijalīvāla |
| músico (m) | साज़िन्दा (m) | sāzinda |
| niñera (f) | दाई (f) | daī |
| peluquero (m) | नाई (m) | naī |
| pastor (m) | चरवाहा (m) | charavāha |
| | | |
| cantante (m) | गायक (m) | gāyak |
| traductor (m) | अनुवादक (m) | anuvādak |
| escritor (m) | लेखक (m) | lekhak |
| carpintero (m) | बढ़ई (m) | barhī |

| Español | Hindi | Transliteración |
|---|---|---|
| cocinero (m) | बावरची (m) | bāvarachī |
| bombero (m) | दमकल कर्मचारी (m) | damakal karmachārī |
| policía (m) | पुलिसवाला (m) | pulisavāla |
| cartero (m) | डाकिया (m) | dākiya |
| programador (m) | प्रोग्रामर (m) | progrāmar |
| vendedor (m) | विक्रेता (m) | vikreta |
| | | |
| obrero (m) | मज़दूर (m) | mazadūr |
| jardinero (m) | माली (m) | mālī |
| fontanero (m) | प्लम्बर (m) | plambar |
| dentista (m) | दंतचिकित्सक (m) | dantachikitsak |
| azafata (f) | एयर होस्टेस (f) | eyar hostes |
| | | |
| bailarín (m) | नर्तक (m) | nartak |
| guardaespaldas (m) | अंगरक्षक (m) | angarakshak |
| científico (m) | वैज्ञानिक (m) | vaigyānik |
| profesor (m) (~ de baile, etc.) | शिक्षक (m) | shikshak |
| | | |
| granjero (m) | किसान (m) | kisān |
| cirujano (m) | शल्य-चिकित्सक (m) | shaly-chikitsak |
| minero (m) | खनिक (m) | khanik |
| jefe (m) de cocina | मुख्य बावरची (m) | mukhy bāvarachī |
| chofer (m) | ड्राइवर (m) | draivar |

## 16. Los deportes

| Español | Hindi | Transliteración |
|---|---|---|
| tipo (m) de deporte | खेल (m) | khel |
| fútbol (m) | फ़ुटबॉल (f) | futabol |
| hockey (m) | हॉकी (f) | hokī |
| baloncesto (m) | बास्केटबॉल (f) | bāsketabol |
| béisbol (m) | बेसबॉल (f) | besabol |
| | | |
| voleibol (m) | वॉलीबॉल (f) | volībol |
| boxeo (m) | मुक्केबाज़ी (f) | mukkebāzī |
| lucha (f) | कुश्ती (m) | kushtī |
| tenis (m) | टेनिस (m) | tenis |
| natación (f) | तैराकी (m) | tairākī |
| | | |
| ajedrez (m) | शतरंज (m) | shataranj |
| carrera (f) | दौड़ (m) | daur |
| atletismo (m) | एथलेटिक्स (f) | ethaletiks |
| patinaje (m) artístico | फ़ीगर स्केटिन्ग (m) | fīgar sketing |
| ciclismo (m) | साइकिलिंग (f) | saikiling |
| | | |
| billar (m) | बिलियड्स (m) | biliyards |
| culturismo (m) | बॉडीबिल्डिंग (m) | bodībilding |
| golf (m) | गोल्फ़ (m) | golf |
| buceo (m) | स्कूबा डाइविंग (f) | skūba daiving |
| vela (f) | पाल नौकायन (m) | pāl naukāyan |

| | | |
|---|---|---|
| tiro (m) con arco | तीरंदाज़ी (f) | tīrandāzī |
| tiempo (m) | हाफ़ (m) | hāf |
| descanso (m) | हाफ़ टाइम (m) | hāf taim |
| empate (m) | टाई (m) | taī |
| empatar (vi) | टाई करना | taī karana |

| | | |
|---|---|---|
| cinta (f) de correr | ट्रेडमिल (f) | tredamil |
| jugador (m) | खिलाड़ी (m) | khilārī |
| reserva (m) | रिज़र्व-खिलाड़ी (m) | rizarv-khilārī |
| banquillo (m) de reserva | सब्सचिट्यूट बेंच (f) | sabsachityūt bench |

| | | |
|---|---|---|
| match (m) | मैच (m) | maich |
| puerta (f) | गोल (m) | gol |
| portero (m) | गोलची (m) | golachī |
| gol (m) | गोल (m) | gol |

| | | |
|---|---|---|
| Juegos (m pl) Olímpicos | ओलिम्पिक खेल (m pl) | olimpik khel |
| establecer un record | रिकॉर्ड बनाना | rikord banāna |
| final (m) | फ़ाइनल (m) | fainal |
| campeón (m) | चेम्पियन (m) | chempiyan |
| campeonato (m) | चैम्पियनशिप (f) | chaimpiyanaship |

| | | |
|---|---|---|
| vencedor (m) | विजेता (m) | vijeta |
| victoria (f) | विजय (m) | vijay |
| ganar (vi) | जीतना | jītana |
| perder (vi) | हारना | hārana |
| medalla (f) | मेडल (m) | medal |

| | | |
|---|---|---|
| primer puesto (m) | पहला स्थान (m) | pahala sthān |
| segundo puesto (m) | दूसरा स्थान (m) | dūsara sthān |
| tercer puesto (m) | तीसरा स्थान (m) | tīsara sthān |

| | | |
|---|---|---|
| estadio (m) | स्टेडियम (m) | stediyam |
| hincha (m) | फ़ैन (m) | fain |
| entrenador (m) | प्रशिक्षक (m) | prashikshak |
| entrenamiento (m) | प्रशिक्षण (f) | prashikshan |

## 17. Los idiomas extranjeros. La ortografía

| | | |
|---|---|---|
| lengua (f) | भाषा (f) | bhāsha |
| estudiar (vt) | पढ़ना | parhana |
| pronunciación (f) | उच्चारण (m) | uchchāran |
| acento (m) | लहज़ा (m) | lahaza |

| | | |
|---|---|---|
| sustantivo (m) | संज्ञा (f) | sangya |
| adjetivo (m) | विशेषण (m) | visheshan |
| verbo (m) | क्रिया (m) | kriya |
| adverbio (m) | क्रिया विशेषण (f) | kriya visheshan |
| pronombre (m) | सर्वनाम (m) | sarvanām |
| interjección (f) | विस्मयादिबोधक (m) | vismayādibodhak |

| | | |
|---|---|---|
| preposición (f) | पूर्वसर्ग (m) | pūrvasarg |
| raíz (f), radical (m) | मूल शब्द (m) | mūl shabd |
| desinencia (f) | अन्त्याक्षर (m) | antyākshar |
| prefijo (m) | उपसर्ग (m) | upasarg |
| sílaba (f) | अक्षर (m) | akshar |
| sufijo (m) | प्रत्यय (m) | pratyay |
| | | |
| acento (m) | बल चिह्न (m) | bal chihn |
| punto (m) | पूर्णविराम (m) | pūrnavirām |
| coma (f) | उपविराम (m) | upavirām |
| dos puntos (m pl) | कोलन (m) | kolan |
| puntos (m pl) suspensivos | तीन बिन्दु (m) | tīn bindu |
| | | |
| pregunta (f) | प्रश्न (m) | prashn |
| signo (m) de interrogación | प्रश्न चिह्न (m) | prashn chihn |
| signo (m) de admiración | विस्मयादिबोधक चिह्न (m) | vismayādibodhak chihn |
| | | |
| entre comillas | उद्धरण चिह्न में | uddharan chihn men |
| entre paréntesis | कोष्ठक में | koshthak men |
| letra (f) | अक्षर (m) | akshar |
| letra (f) mayúscula | बड़ा अक्षर (m) | bara akshar |
| | | |
| oración (f) | वाक्य (m) | vāky |
| combinación (f) de palabras | शब्दों का समूह (m) | shabdon ka samūh |
| expresión (f) | अभिव्यक्ति (f) | abhivyakti |
| | | |
| sujeto (m) | कर्ता (m) | kartta |
| predicado (m) | विधेय (m) | vidhey |
| línea (f) | पंक्ति (f) | pankti |
| párrafo (m) | अनुच्छेद (m) | anuchchhed |
| | | |
| sinónimo (m) | समनार्थक शब्द (m) | samanārthak shabd |
| antónimo (m) | विपरीतार्थी शब्द (m) | viparītārthī shabd |
| | | |
| excepción (f) | अपवाद (m) | apavād |
| subrayar (vt) | रेखांकित करना | rekhānkit karana |
| | | |
| reglas (f pl) | नियम (m pl) | niyam |
| gramática (f) | व्याकरण (m) | vyākaran |
| vocabulario (m) | शब्दावली (f) | shabdāvalī |
| | | |
| fonética (f) | स्वरविज्ञान (m) | svaravigyān |
| alfabeto (m) | वर्णमाला (f) | varnamāla |
| | | |
| manual (m) | पाठ्यपुस्तक (f) | pāthyapustak |
| diccionario (m) | शब्दकोश (m) | shabdakosh |
| guía (f) de conversación | वार्तालाप-पुस्तिका (f) | vārttālāp-pustika |
| | | |
| palabra (f) | शब्द (m) | shabd |
| significado (m) | मतलब (m) | matalab |
| memoria (f) | स्मृति (f) | smrti |

## 18. La Tierra. La geografía

| Tierra (f) | पृथ्वी (f) | prthvī |
| globo (m) terrestre | गोला (m) | gola |
| planeta (m) | ग्रह (m) | grah |
| | | |
| geografía (f) | भूगोल (m) | bhūgol |
| naturaleza (f) | प्रकृति (f) | prakrti |
| mapa (m) | नक्शा (m) | naksha |
| atlas (m) | मानचित्रावली (f) | mānachitrāvalī |
| | | |
| en el norte | उत्तर में | uttar men |
| en el sur | दक्षिण में | dakshin men |
| en el oeste | पश्चिम में | pashchim men |
| en el este | पूर्व में | pūrv men |
| | | |
| mar (m) | सागर (m) | sāgar |
| océano (m) | महासागर (m) | mahāsāgar |
| golfo (m) | खाड़ी (f) | khārī |
| estrecho (m) | जलग्रीवा (m) | jalagrīva |
| | | |
| continente (m) | महाद्वीप (m) | mahādvīp |
| isla (f) | द्वीप (m) | dvīp |
| península (f) | प्रायद्वीप (m) | prāyadvīp |
| archipiélago (m) | द्वीप समूह (m) | dvīp samūh |
| | | |
| ensenada, bahía (f) | बंदरगाह (m) | bandaragāh |
| arrecife (m) de coral | प्रवाल रीफ़ (m) | pravāl rīf |
| orilla (f) | किनारा (m) | kināra |
| costa (f) | तटबंध (m) | tatabandh |
| | | |
| flujo (m) | ज्वार (m) | jvār |
| reflujo (m) | भाटा (m) | bhāta |
| | | |
| latitud (f) | अक्षांश (m) | akshānsh |
| longitud (f) | देशान्तर (m) | deshāntar |
| paralelo (m) | समांतर-रेखा (f) | samāntar-rekha |
| ecuador (m) | भूमध्य रेखा (f) | bhūmadhy rekha |
| | | |
| cielo (m) | आकाश (f) | ākāsh |
| horizonte (m) | क्षितिज (m) | kshitij |
| atmósfera (f) | वातावरण (m) | vātāvaran |
| | | |
| montaña (f) | पहाड़ (m) | pahār |
| cima (f) | चोटी (f) | chotī |
| roca (f) | शिला (f) | shila |
| colina (f) | टीला (m) | tīla |
| | | |
| volcán (m) | ज्वालामुखी (m) | jvālāmukhī |
| glaciar (m) | हिमनद (m) | himanad |
| cascada (f) | झरना (m) | jharana |

| | | |
|---|---|---|
| llanura (f) | समतल प्रदेश (m) | samatal pradesh |
| río (m) | नदी (f) | nadī |
| manantial (m) | झरना (m) | jharana |
| ribera (f) | तट (m) | tat |
| río abajo (adv) | बहाव के साथ | bahāv ke sāth |
| río arriba (adv) | बहाव के विरुद्ध | bahāv ke virūddh |
| | | |
| lago (m) | तालाब (m) | tālāb |
| presa (f) | बांध (m) | bāndh |
| canal (m) | नहर (f) | nahar |
| pantano (m) | दलदल (f) | daladal |
| hielo (m) | बर्फ़ (m) | barf |

## 19. Los países. Unidad 1

| | | |
|---|---|---|
| Europa (f) | यूरोप (m) | yūrop |
| Unión (f) Europea | यूरोपीय संघ (m) | yūropīy sangh |
| europeo (m) | यरोपीय (m) | yaropīy |
| europeo (adj) | यरोपीय | yaropīy |
| | | |
| Austria (f) | ऑस्ट्रिया (m) | ostriya |
| Gran Bretaña (f) | ग्रेट ब्रिटेन (m) | gret briten |
| Inglaterra (f) | इंग्लैंड (m) | inglaind |
| Bélgica (f) | बेल्जियम (m) | beljiyam |
| Alemania (f) | जर्मन (m) | jarman |
| | | |
| Países Bajos (m pl) | नीदरलैंड्स (m) | nīdaralainds |
| Holanda (f) | हॉलैंड (m) | holaind |
| Grecia (f) | ग्रीस (m) | grīs |
| Dinamarca (f) | डेन्मार्क (m) | denmārk |
| Irlanda (f) | आयरलैंड (m) | āyaralaind |
| | | |
| Islandia (f) | आयसलैंड (m) | āyasalaind |
| España (f) | स्पेन (m) | spen |
| Italia (f) | इटली (m) | italī |
| Chipre (m) | साइप्रस (m) | saipras |
| Malta (f) | माल्टा (m) | mālta |
| | | |
| Noruega (f) | नार्वे (m) | nārve |
| Portugal (m) | पुर्तगाल (m) | purtagāl |
| Finlandia (f) | फ़िनलैंड (m) | finalaind |
| Francia (f) | फ्रांस (m) | frāns |
| Suecia (f) | स्वीडन (m) | svīdan |
| | | |
| Suiza (f) | स्विट्ज़रलैंड (m) | svitzaralaind |
| Escocia (f) | स्कॉटलैंड (m) | skotalaind |
| Vaticano (m) | वेटिकन (m) | vetikan |
| Liechtenstein (m) | लिकटेंस्टीन (m) | likatenstīn |
| Luxemburgo (m) | लक्ज़मबर्ग (m) | lakzamabarg |
| Mónaco (m) | मोनाको (m) | monāko |

| | | |
|---|---|---|
| Albania (f) | अल्बानिया (m) | albāniya |
| Bulgaria (f) | बुल्गारिया (m) | bulgāriya |
| Hungría (f) | हंगरी (m) | hangarī |
| Letonia (f) | लाटविया (m) | lātaviya |
| | | |
| Lituania (f) | लिथुआनिया (m) | lithuāniya |
| Polonia (f) | पोलैंड (m) | polaind |
| Rumania (f) | रोमानिया (m) | romāniya |
| Serbia (f) | सर्बिया (m) | sarbiya |
| Eslovaquia (f) | स्लोवाकिया (m) | slovākiya |
| | | |
| Croacia (f) | क्रोएशिया (m) | kroeshiya |
| Chequia (f) | चेक गणतंत्र (m) | chek ganatantr |
| Estonia (f) | एस्तोनिया (m) | estoniya |
| Bosnia y Herzegovina | बोस्निया और हर्ज़ेगोविना | bosniya aur harzegovina |
| Macedonia | मेसेडोनिया (m) | mesedoniya |
| | | |
| Eslovenia | स्लोवेनिया (m) | sloveniya |
| Montenegro (m) | मोंटेनेग्रो (m) | montenegro |
| Bielorrusia (f) | बेलारूस (m) | belārūs |
| Moldavia (f) | मोलदोवा (m) | moladova |
| Rusia (f) | रूस (m) | rūs |
| Ucrania (f) | यूक्रेन (m) | yūkren |

## 20. Los países. Unidad 2

| | | |
|---|---|---|
| Asia (f) | एशिया (f) | eshiya |
| Vietnam (m) | वियतनाम (m) | viyatanām |
| India (f) | भारत (m) | bhārat |
| Israel (m) | इस्रायल (m) | isrāyal |
| China (f) | चीन (m) | chīn |
| | | |
| Líbano (m) | लेबनान (m) | lebanān |
| Mongolia (f) | मंगोलिया (m) | mangoliya |
| Malasia (f) | मलेशिया (m) | maleshiya |
| Pakistán (m) | पाकिस्तान (m) | pākistān |
| Arabia (f) Saudita | सऊदी अरब (m) | saūdī arab |
| | | |
| Tailandia (f) | थाईलैंड (m) | thāīlaind |
| Taiwán (m) | ताइवान (m) | taivān |
| Turquía (f) | तुर्की (m) | turkī |
| Japón (m) | जापान (m) | jāpān |
| Afganistán (m) | अफ़ग़ानिस्तान (m) | afagānistān |
| | | |
| Bangladesh (m) | बांग्लादेश (m) | bānglādesh |
| Indonesia (f) | इण्डोनेशिया (m) | indoneshiya |
| Jordania (f) | जॉर्डन (m) | jordan |
| Irak (m) | इराक़ (m) | irāq |
| Irán (m) | इरान (m) | irān |
| Camboya (f) | कम्बोडिया (m) | kambodiya |

| | | |
|---|---|---|
| Kuwait (m) | कुवैत (m) | kuvait |
| Laos (m) | लाओस (m) | laos |
| Myanmar (m) | म्यांमर (m) | myămmar |
| Nepal (m) | नेपाल (m) | nepāl |
| | | |
| Emiratos (m pl) Árabes Unidos | संयुक्त अरब अमीरात (m) | sanyukt arab amīrāt |
| Siria (f) | सीरिया (m) | sīriya |
| Palestina (f) | फिलिस्तीन (m) | filistīn |
| Corea (f) del Sur | दक्षिण कोरिया (m) | dakshin koriya |
| Corea (f) del Norte | उत्तर कोरिया (m) | uttar koriya |
| | | |
| Estados Unidos de América | संयुक्त राज्य अमरीका (m) | sanyukt rājy amarīka |
| Canadá (f) | कनाडा (m) | kanāda |
| Méjico (m) | मेक्सिको (m) | meksiko |
| Argentina (f) | अर्जेंटीना (m) | arjentīna |
| Brasil (m) | ब्राज़ील (m) | brāzīl |
| | | |
| Colombia (f) | कोलम्बिया (m) | kolambiya |
| Cuba (f) | क्यूबा (m) | kyūba |
| Chile (m) | चिली (m) | chilī |
| Venezuela (f) | वेनेज़ुएला (m) | venezuela |
| Ecuador (m) | इक्वेडोर (m) | ikvedor |
| | | |
| Islas (f pl) Bahamas | बहामा (m) | bahāma |
| Panamá (f) | पनामा (m) | panāma |
| Egipto (m) | मिस्र (m) | misr |
| Marruecos (m) | मोरक्को (m) | morakko |
| Túnez (m) | ट्युनीसिया (m) | tyunīsiya |
| | | |
| Kenia (f) | केन्या (m) | kenya |
| Libia (f) | लीबिया (m) | līibiya |
| República (f) Sudafricana | दक्षिण अफ्रीका (m) | dakshin afrīka |
| Australia (f) | आस्ट्रेलिया (m) | āstreliya |
| Nueva Zelanda (f) | न्यू ज़ीलैंड (m) | nyū zīlaind |

## 21. El tiempo. Los desastres naturales

| | | |
|---|---|---|
| tiempo (m) | मौसम (m) | mausam |
| previsión (f) del tiempo | मौसम का पूर्वानुमान (m) | mausam ka pūrvānumān |
| temperatura (f) | तापमान (m) | tāpamān |
| termómetro (m) | थर्मामीटर (m) | tharmāmītar |
| barómetro (m) | बैरोमीटर (m) | bairomītar |
| | | |
| sol (m) | सूरज (m) | sūraj |
| brillar (vi) | चमकना | chamakana |
| soleado (un día ~) | धूपदार | dhūpadār |
| elevarse (el sol) | उगना | ugana |
| ponerse (vr) | डूबना | dūbana |

| lluvia (f) | बारिश (f) | bārish |
| está lloviendo | बारिश हो रही है | bārish ho rahī hai |
| aguacero (m) | मूसलधार बारिश (f) | mūsaladhār bārish |
| nubarrón (m) | घना बादल (m) | ghana bādal |
| charco (m) | पोखर (m) | pokhar |
| mojarse (vr) | भीगना | bhīgana |

| tormenta (f) | गरजवाला तुफान (m) | garajavāla tufān |
| relámpago (m) | बिजली (m) | bijalī |
| relampaguear (vi) | चमकना | chamakana |
| trueno (m) | गरज (m) | garaj |
| está tronando | बादल गरज रहा है | bādal garaj raha hai |
| granizo (m) | ओला (m) | ola |
| está granizando | ओले पड़ रहे हैं | ole par rahe hain |

| bochorno (m) | गरमी (f) | garamī |
| hace mucho calor | गरमी है | garamī hai |
| hace calor (templado) | गरम है | garam hai |
| hace frío | ठंडक है | thandak hai |

| niebla (f) | कुहरा (m) | kuhara |
| nebuloso (adj) | कुहरेदार | kuharedār |
| nube (f) | बादल (m) | bādal |

| nuboso (adj) | मेघाच्छादित | meghāchchhādit |
| humedad (f) | नमी (f) | namī |

| nieve (f) | बर्फ़ (f) | barf |
| está nevando | बर्फ़ पड़ रही है | barf par rahī hai |
| helada (f) | पाला (m) | pāla |

| bajo cero (adv) | शून्य से नीचे | shūny se nīche |
| escarcha (f) | पाला (m) | pāla |

| mal tiempo (m) | ख़राब मौसम (m) | kharāb mausam |
| catástrofe (f) | प्रलय (m) | pralay |
| inundación (f) | बाढ़ (f) | bārh |

| avalancha (f) | हिमस्खलन (m) | himaskhalan |
| terremoto (m) | भूकंप (m) | bhūkamp |

| sacudida (f) | झटका (m) | jhataka |
| epicentro (m) | अधिकेंद्र (m) | adhikendr |

| erupción (f) | उद्गार (m) | udgār |
| lava (f) | लावा (m) | lāva |

| tornado (m) | टोर्नेडो (m) | tornedo |
| torbellino (m) | बवंडर (m) | bavandar |
| huracán (m) | समुद्री तूफ़ान (m) | samudrī tūfān |
| tsunami (m) | सुनामी (f) | sunāmī |
| ciclón (m) | चक्रवात (m) | chakravāt |

## 22. Los animales. Unidad 1

| | | |
|---|---|---|
| animal (m) | जानवर (m) | jānavar |
| carnívoro (m) | परभक्षी (m) | parabhakshī |
| | | |
| tigre (m) | बाघ (m) | bāgh |
| león (m) | शेर (m) | sher |
| lobo (m) | भेड़िया (m) | bheriya |
| zorro (m) | लोमड़ी (f) | lomri |
| jaguar (m) | जागुआर (m) | jāguār |
| | | |
| lince (m) | वन बिलाव (m) | van bilāv |
| coyote (m) | कोयोट (m) | koyot |
| chacal (m) | गीदड़ (m) | gīdar |
| hiena (f) | लकड़बग्घा (m) | lakarabaggha |
| | | |
| ardilla (f) | गिलहरी (f) | gilaharī |
| erizo (m) | कांटा-चूहा (m) | kānta-chūha |
| conejo (m) | खरगोश (m) | kharagosh |
| mapache (m) | रैकून (m) | raikūn |
| | | |
| hámster (m) | हैम्स्टर (m) | haimstar |
| topo (m) | छछूंदर (m) | chhachhūndar |
| ratón (m) | चूहा (m) | chūha |
| rata (f) | घूस (m) | ghūs |
| murciélago (m) | चमगादड़ (m) | chamagādar |
| | | |
| castor (m) | ऊदबिलाव (m) | ūdabilāv |
| caballo (m) | घोड़ा (m) | ghora |
| ciervo (m) | हिरण (m) | hiran |
| camello (m) | ऊंट (m) | ūnt |
| cebra (f) | ज़ेबरा (m) | zebara |
| | | |
| ballena (f) | व्हेल (f) | hvel |
| foca (f) | सील (m) | sīl |
| morsa (f) | वॉलरस (m) | volaras |
| delfín (m) | डॉलफ़िन (f) | dolafin |
| | | |
| oso (m) | रीछ (m) | rīchh |
| mono (m) | बंदर (m) | bandar |
| elefante (m) | हाथी (m) | hāthī |
| rinoceronte (m) | गैंडा (m) | gainda |
| jirafa (f) | जिराफ़ (m) | jirāf |
| | | |
| hipopótamo (m) | दरियाई घोड़ा (m) | dariyaī ghora |
| canguro (m) | कंगारू (m) | kangārū |
| gata (f) | बिल्ली (f) | billī |
| perro (m) | कुत्ता (m) | kutta |
| | | |
| vaca (f) | गाय (f) | gāy |
| toro (m) | बैल (m) | bail |

| oveja (f) | भेड़ (f) | bher |
| cabra (f) | बकरी (f) | bakarī |

| asno (m) | गधा (m) | gadha |
| cerdo (m) | सुअर (m) | suar |
| gallina (f) | मुर्गी (f) | murgī |
| gallo (m) | मुर्गा (m) | murga |

| pato (m) | बतख़ (f) | battakh |
| ganso (m) | हंस (m) | hans |
| pava (f) | टर्की (f) | tarkī |
| perro (m) pastor | गड़रिये का कुत्ता (m) | garariye ka kutta |

## 23. Los animales. Unidad 2

| pájaro (m) | चिड़िया (f) | chiriya |
| paloma (f) | कबूतर (m) | kabūtar |
| gorrión (m) | गौरैया (f) | gauraiya |
| carbonero (m) | टिटरी (f) | titarī |
| urraca (f) | नीलकण्ठ पक्षी (f) | nīlakanth pakshī |

| águila (f) | चील (f) | chīl |
| azor (m) | बाज़ (m) | bāz |
| halcón (m) | बाज़ (m) | bāz |

| cisne (m) | राजहंस (m) | rājahans |
| grulla (f) | सारस (m) | sāras |
| cigüeña (f) | लकलक (m) | lakalak |
| loro (m), papagayo (m) | तोता (m) | tota |
| pavo (m) real | मोर (m) | mor |
| avestruz (m) | शुतुरमुर्ग (m) | shuturamurg |

| garza (f) | बगुला (m) | bagula |
| ruiseñor (m) | बुलबुल (m) | bulabul |
| golondrina (f) | अबाबील (f) | abābīl |
| pájaro carpintero (m) | कठफोड़ा (m) | kathafora |
| cuco (m) | कोयल (f) | koyal |
| lechuza (f) | उल्लू (m) | ullū |

| pingüino (m) | पेंगुइन (m) | penguin |
| atún (m) | टूना (f) | tūna |
| trucha (f) | ट्राउट (f) | traut |
| anguila (f) | सर्पमीन (f) | sarpamīn |

| tiburón (m) | शार्क (f) | shārk |
| centolla (f) | केकड़ा (m) | kekara |
| medusa (f) | जेली फ़िश (f) | jelī fish |
| pulpo (m) | आक्टोपस (m) | āktopas |
| estrella (f) de mar | स्टार फ़िश (f) | stār fish |
| erizo (m) de mar | जलसाही (f) | jalasāhī |

| | | |
|---|---|---|
| caballito (m) de mar | समुद्री घोड़ा (m) | samudrī ghora |
| camarón (m) | झींगा (f) | jhīnga |
| | | |
| serpiente (f) | सर्प (m) | sarp |
| víbora (f) | वाइपर (m) | vaipar |
| lagarto (m) | छिपकली (f) | chhipakalī |
| iguana (f) | इग्यूएना (m) | igyūena |
| camaleón (m) | गिरगिट (m) | giragit |
| escorpión (m) | वृश्चिक (m) | vrshchik |
| | | |
| tortuga (f) | कछुआ (m) | kachhua |
| rana (f) | मेंढक (m) | mendhak |
| cocodrilo (m) | मगर (m) | magar |
| insecto (m) | कीट (m) | kīt |
| mariposa (f) | तितली (f) | titalī |
| hormiga (f) | चींटी (f) | chīntī |
| mosca (f) | मक्खी (f) | makkhī |
| | | |
| mosquito (m) (picadura de ~) | मच्छर (m) | machchhar |
| escarabajo (m) | भृंग (m) | bhrng |
| abeja (f) | मधुमक्खी (f) | madhumakkhī |
| araña (f) | मकड़ी (f) | makarī |
| mariquita (f) | सोनपंखी (f) | sonapankhī |

## 24. Los árboles. Las plantas

| | | |
|---|---|---|
| árbol (m) | पेड़ (m) | per |
| abedul (m) | सनोबर का पेड़ (m) | sanobar ka per |
| roble (m) | बलूत (m) | balūt |
| tilo (m) | लिनडेन वृक्ष (m) | linaden vrksh |
| pobo (m) | आस्पेन वृक्ष (m) | āspen vrksh |
| | | |
| arce (m) | मेपल (m) | mepal |
| pícea (f) | फर का पेड़ (m) | far ka per |
| pino (m) | देवदार (m) | devadār |
| cedro (m) | देवदर (m) | devadar |
| | | |
| álamo (m) | पोप्लर वृक्ष (m) | poplar vrksh |
| serbal (m) | रोवाण (m) | rovān |
| haya (f) | बीच (m) | bīch |
| olmo (m) | एल्म वृक्ष (m) | elm vrksh |
| | | |
| fresno (m) | एश-वृक्ष (m) | esh-vrksh |
| castaño (m) | चेस्टनट (m) | chestanat |
| palmera (f) | ताड़ का पेड़ (m) | tār ka per |
| mata (f) | झाड़ी (f) | jhārī |
| | | |
| seta (f) | गगन-धूलि (f) | gagan-dhūli |
| seta (f) venenosa | ज़हरीली गगन-धूलि (f) | zaharīlī gagan-dhūli |

| Español | Hindi | Transliteración |
|---|---|---|
| seta calabaza (f) | सफ़ेद गगन-धूलि (f) | safed gagan-dhūli |
| rúsula (f) | रसूला (f) | rasula |
| matamoscas (m) | फ्लाई ऐगेरिक (f) | flaī aigerik |
| oronja (f) verde | डेथ कैप (f) | deth kaip |
| | | |
| flor (f) | फूल (m) | fūl |
| ramo (m) de flores | गुलदस्ता (m) | guladasta |
| rosa (f) | गुलाब (f) | gulāb |
| tulipán (m) | ट्यूलिप (m) | tyūlip |
| clavel (m) | गुलनार (m) | gulanār |
| | | |
| manzanilla (f) | कैमोमाइल (m) | kaimomail |
| cacto (m) | कैक्टस (m) | kaiktas |
| muguete (m) | कामुदिनी (f) | kāmudinī |
| campanilla (f) de las nieves | सफ़ेद फूल (m) | safed fūl |
| nenúfar (m) | कुमुदिनी (f) | kumudinī |
| | | |
| invernadero (m) tropical | शीशाघर (m) | shīshāghar |
| césped (m) | घास का मैदान (m) | ghās ka maidān |
| macizo (m) de flores | फुलवारी (f) | fulavārī |
| | | |
| planta (f) | पौधा (m) | paudha |
| hierba (f) | घास (f) | ghās |
| hoja (f) | पत्ती (f) | pattī |
| pétalo (m) | पंखड़ी (f) | pankharī |
| tallo (m) | डंडी (f) | dandī |
| retoño (m) | अंकुर (m) | ankur |
| | | |
| cereales (m pl) (plantas) | अनाज की फ़सलें (m pl) | anāj kī fasalen |
| trigo (m) | गेहूँ (m) | gehūn |
| centeno (m) | रई (f) | raī |
| avena (f) | जई (f) | jaī |
| | | |
| mijo (m) | बाजरा (m) | bājara |
| cebada (f) | जौ (m) | jau |
| maíz (m) | मक्का (m) | makka |
| arroz (m) | चावल (m) | chāval |

## 25. Varias palabras útiles

| Español | Hindi | Transliteración |
|---|---|---|
| alto (m) (parada temporal) | विराम (m) | virām |
| ayuda (f) | सहायता (f) | sahāyata |
| balance (m) | संतुलन (m) | santulan |
| base (f) (~ científica) | आधार (m) | ādhār |
| categoría (f) | श्रेणी (f) | shrenī |
| | | |
| coincidencia (f) | समकालीनता (f) | samakālīnata |
| comienzo (m) (principio) | शुरू (m) | shurū |
| comparación (f) | तुलना (f) | tulana |
| desarrollo (m) | विकास (m) | vikās |

| | | |
|---|---|---|
| diferencia (f) | फ़र्क़ (m) | fark |
| efecto (m) | प्रभाव (m) | prabhāv |
| ejemplo (m) | उदाहरण (m) | udāharan |
| variedad (f) (selección) | चुनाव (m) | chunāv |
| elemento (m) | तत्व (m) | tatv |
| error (m) | ग़लती (f) | galatī |
| | | |
| esfuerzo (m) | प्रयत्न (m) | prayatn |
| estándar (adj) | मानक | mānak |
| estilo (m) | शैली (f) | shailī |
| forma (f) (contorno) | रूप (m) | rūp |
| grado (m) (en mayor ~) | मात्रा (f) | mātra |
| hecho (m) | तथ्य (m) | tathy |
| ideal (m) | आदर्श (m) | ādarsh |
| modo (m) (de otro ~) | तरीका (m) | tarīka |
| momento (m) | पल (m) | pal |
| | | |
| obstáculo (m) | अवरोध (m) | avarodh |
| parte (f) | भाग (m) | bhāg |
| pausa (f) | विराम (m) | virām |
| posición (f) | स्थिति (f) | sthiti |
| problema (m) | समस्या (f) | samasya |
| proceso (m) | प्रक्रिया (f) | prakriya |
| progreso (m) | उन्नति (f) | unnati |
| propiedad (f) (cualidad) | गुण (m) | gun |
| reacción (f) | प्रतिक्रिया (f) | pratikriya |
| riesgo (m) | जोखिम (m) | jokhim |
| | | |
| secreto (m) | रहस्य (m) | rahasy |
| serie (f) | श्रृंखला (f) | shrrnkhala |
| sistema (m) | प्रणाली (f) | pranālī |
| situación (f) | स्थिति (f) | sthiti |
| solución (f) | हल (m) | hal |
| tabla (f) (~ de multiplicar) | सारणी (f) | sāranī |
| tempo (m) (ritmo) | गति (f) | gati |
| | | |
| término (m) | पारिभाषिक शब्द (m) | pāribhāshik shabd |
| tipo (m) | प्रकार (m) | prakār |
| (p.ej. ~ de deportes) | | |
| turno (m) (esperar su ~) | बारी (f) | bārī |
| urgente (adj) | अत्यावश्यक | atyāvashyak |
| utilidad (f) | उपयोग (m) | upayog |
| variante (f) | विकल्प (m) | vikalp |
| verdad (f) | सच (m) | sach |
| zona (f) | क्षेत्र (m) | kshetr |

## 26. Los adjetivos. Unidad 1

| | | |
|---|---|---|
| abierto (adj) | खुला | khula |
| adicional (adj) | अतिरिक्त | atirikt |

| | | |
|---|---|---|
| agrio (sabor ~) | खट्टा | khatta |
| agudo (adj) | तेज़ | tez |
| amargo (adj) | कड़वा | karava |
| | | |
| amplio (~a habitación) | विस्तृत | vistrt |
| antiguo (adj) | प्राचीन | prāchīn |
| arriesgado (adj) | खतरनाक | khataranāk |
| artificial (adj) | कृत्रिम | krtrim |
| azucarado, dulce (adj) | मीठा | mītha |
| | | |
| bajo (voz ~a) | धीमा | dhīma |
| bello (hermoso) | सुंदर | sundar |
| blando (adj) | नरम | naram |
| bronceado (adj) | सांवला | sānvala |
| central (adj) | केंद्रीय | kendrīy |
| | | |
| ciego (adj) | अंधा | andha |
| clandestino (adj) | गुप | gupt |
| compatible (adj) | अनुकूल | anukūl |
| congelado (pescado ~) | जमा | jama |
| contento (adj) | संतुष्ट | santusht |
| continuo (adj) | दीर्घकालिक | dīrghakālik |
| | | |
| cortés (adj) | विनम्र | vinamr |
| corto (adj) | छोटा | chhota |
| crudo (huevos ~s) | कच्चा | kachcha |
| de segunda mano | इस्तेमाल किया हुआ | istemāl kiya hua |
| denso (~a niebla) | घना | ghana |
| | | |
| derecho (adj) | दायां | dāyān |
| difícil (decisión) | मुश्किल | mushkil |
| dulce (agua ~) | ताज़ा | tāza |
| duro (material, etc.) | कड़ा | kara |
| enfermo (adj) | बीमार | bīmār |
| | | |
| enorme (adj) | विशाल | vishāl |
| especial (adj) | ख़ास | khās |
| estrecho (calle, etc.) | तंग | tang |
| exacto (adj) | ठीक | thīk |
| excelente (adj) | उत्कृष्ट | utkrsht |
| | | |
| excesivo (adj) | अत्यधिक | atyadhik |
| exterior (adj) | बाहरी | bāharī |
| fácil (adj) | आसान | āsān |
| feliz (adj) | प्रसन्न | prasann |
| fértil (la tierra ~) | उपजाऊ | upajaū |
| frágil (florero, etc.) | नाज़ुक | nāzuk |
| | | |
| fuerte (~ voz) | ऊंचा | ūncha |
| fuerte (adj) | शक्तिशाली | shaktishālī |
| grande (en dimensiones) | बड़ा | bara |
| gratis (adj) | मुफ़्त | muft |

| | | |
|---|---|---|
| importante (adj) | महत्वपूर्ण | mahatvapūrn |
| infantil (adj) | बच्चों का | bachchon ka |
| inmóvil (adj) | अचल | achal |
| inteligente (adj) | बुद्धिमान | buddhimān |
| interior (adj) | आंतरिक | āntarik |
| izquierdo (adj) | बायाँ | bāyān |

## 27. Los adjetivos. Unidad 2

| | | |
|---|---|---|
| largo (camino) | लंबा | lamba |
| legal (adj) | कानूनी | kānūnī |
| ligero (un metal ~) | हल्का | halka |
| limpio (camisa ~) | साफ़ | sāf |
| líquido (adj) | तरल | taral |
| | | |
| liso (piel, pelo, etc.) | समतल | samatal |
| lleno (adj) | भरा | bhara |
| maduro (fruto, etc.) | पक्का | pakka |
| malo (adj) | बुरा | bura |
| mate (sin brillo) | मैट | mait |
| | | |
| misterioso (adj) | रहस्यपूर्ण | rahasyapūrn |
| muerto (adj) | मृत | mrt |
| natal (país ~) | देसी | desī |
| negativo (adj) | नकारात्मक | nakārātmak |
| no difícil (adj) | आसान | āsān |
| | | |
| normal (adj) | साधारण | sādhāran |
| nuevo (adj) | नया | naya |
| obligatorio (adj) | अनिवार्य | anivāry |
| opuesto (adj) | उल्टा | ulta |
| ordinario (adj) | आम | ām |
| | | |
| original (inusual) | मूल | mūl |
| peligroso (adj) | खतरनाक | khataranāk |
| pequeño (adj) | छोटा | chhota |
| perfecto (adj) | उत्तम | uttam |
| personal (adj) | व्यक्तिगत | vyaktigat |
| pobre (adj) | गरीब | garīb |
| | | |
| poco claro (adj) | धुंधला | dhundhala |
| poco profundo (adj) | उथला | uthala |
| posible (adj) | संभव | sambhav |
| principal (~ idea) | मूल | mūl |
| principal (la entrada ~) | मुख्य | mukhy |
| | | |
| probable (adj) | मुमकिन | mumakin |
| público (adj) | सार्वजनिक | sārvajanik |
| rápido (adj) | तेज़ | tez |
| raro (adj) | असाधारण | asādhāran |

| | | |
|---|---|---|
| recto (línea ~a) | सीधा | sīdha |
| sabroso (adj) | मज़ेदार | mazedār |
| siguiente (avión, etc.) | अगला | agala |
| similar (adj) | मिलता-जुलता | milata-julata |
| sólido (~a pared) | मज़बूत | mazabūt |
| sucio (no limpio) | मैला | maila |
| tonto (adj) | बेवकूफ़ | bevakūf |
| | | |
| triste (mirada ~) | उदास | udās |
| último (~a oportunidad) | आखिरी | ākhirī |
| último (~a vez) | पिछला | pichhala |
| vacío (vaso medio ~) | खाली | khālī |
| viejo (casa ~a) | पुराना | purāna |

## 28. Los verbos. Unidad 1

| | | |
|---|---|---|
| abrir (vt) | खोलना | kholana |
| acabar, terminar (vt) | ख़त्म करना | khatm karana |
| acusar (vt) | आरोप लगाना | ārop lagāna |
| agradecer (vt) | धन्यवाद देना | dhanyavād dena |
| almorzar (vi) | दोपहर का भोजन करना | dopahar ka bhojan karana |
| alquilar (~ una casa) | किराए पर लेना | kirae par lena |
| | | |
| anular (vt) | रद्द करना | radd karana |
| anunciar (vt) | घोषणा करना | ghoshana karana |
| apagar (vt) | बंद करना | band karana |
| autorizar (vt) | अनुमति देना | anumati dena |
| ayudar (vt) | मदद करना | madad karana |
| | | |
| bailar (vi, vt) | नाचना | nāchana |
| beber (vi, vt) | पीना | pīna |
| borrar (vt) | हटाना | hatāna |
| bromear (vi) | मज़ाक करना | mazāk karana |
| bucear (vi) | डुबकी मारना | dubakī mārana |
| caer (vi) | गिरना | girana |
| | | |
| cambiar (vt) | बदलना | badalana |
| cantar (vi) | गाना | gāna |
| cavar (vt) | खोदना | khodana |
| cazar (vi, vt) | शिकार करना | shikār karana |
| cenar (vi) | रात्रिभोज करना | rātribhoj karana |
| | | |
| cerrar (vt) | बंद करना | band karana |
| cesar (vt) | बंद करना | band karana |
| coger (vt) | पकड़ना | pakarana |
| comenzar (vt) | शुरू करना | shurū karana |
| comer (vi, vt) | खाना खाना | khāna khāna |
| comparar (vt) | तुलना करना | tulana karana |
| comprar (vt) | खरीदना | kharīdana |
| comprender (vt) | समझना | samajhana |

| | | |
|---|---|---|
| confiar (vt) | यक़ीन करना | yakīn karana |
| confirmar (vt) | पुष्टि करना | pushti karana |
| conocer (~ a alguien) | जानना | jānana |
| | | |
| construir (vt) | निर्माण करना | nirmān karana |
| contar (una historia) | बताना | batāna |
| contar (vt) (enumerar) | गिनना | ginana |
| contar con ... | भरोसा रखना | bharosa rakhana |
| copiar (vt) | कॉपी करना | kopī karana |
| correr (vi) | दौड़ना | daurana |
| | | |
| costar (vt) | दाम होना | dām hona |
| crear (vt) | बनाना | banāna |
| creer (en Dios) | आस्था रखना | āstha rakhana |
| dar (vt) | देना | dena |
| decidir (vt) | फ़ैसला करना | faisala karana |
| | | |
| decir (vt) | कहना | kahana |
| dejar caer | गिराना | girāna |
| depender de ... | निर्भर होना | nirbhar hona |
| desaparecer (vi) | ग़ायब हो जाना | gāyab ho jāna |
| desayunar (vi) | नाश्ता करना | nāshta karana |
| | | |
| despreciar (vt) | नफ़रत करना | nafarat karana |
| disculpar (vt) | माफ़ करना | māf karana |
| disculparse (vr) | माफ़ी मांगना | māfī māngana |
| discutir (vt) | चर्चा करना | charcha karana |
| divorciarse (vr) | तलाक़ देना | talāq dena |
| dudar (vt) | शक करना | shak karana |

## 29. Los verbos. Unidad 2

| | | |
|---|---|---|
| encender (vt) | चलाना | chalāna |
| encontrar (hallar) | ढूंढना | dhūrhana |
| encontrarse (vr) | मिलना | milana |
| engañar (vi, vt) | धोखा देना | dhokha dena |
| enviar (vt) | भेजना | bhejana |
| equivocarse (vr) | गलती करना | galatī karana |
| | | |
| escoger (vt) | चुनना | chunana |
| esconder (vt) | छिपाना | chhipāna |
| escribir (vt) | लिखना | likhana |
| esperar (aguardar) | इंतज़ार करना | intazār karana |
| esperar (tener esperanza) | आशा करना | āsha karana |
| estar ausente | अनुपस्थित होना | anupasthit hona |
| | | |
| estar cansado | थकना | thakana |
| estar de acuerdo | राज़ी होना | rāzī hona |
| estudiar (vt) | पढ़ाई करना | parhaī karana |
| exigir (vt) | मांगना | māngana |

| | | |
|---|---|---|
| existir (vi) | होना | hona |
| explicar (vt) | समझाना | samajhāna |
| faltar (a las clases) | ग़ैर-हाज़िर होना | gair-hāzir hona |
| felicitar (vt) | बधाई देना | badhaī dena |
| firmar (~ el contrato) | हस्ताक्षर करना | hastākshar karana |
| girar (~ a la izquierda) | मुड़ जाना | mur jāna |
| gritar (vi) | चिल्लाना | chillāna |
| | | |
| guardar (conservar) | रखना | rakhana |
| gustar (vi) | पसंद करना | pasand karana |
| hablar (vi, vt) | बोलना | bolana |
| hablar con … | से कहना | se kahana |
| hacer (vt) | करना | karana |
| | | |
| hacer la limpieza | साफ़ करना | sāf karana |
| insistir (vi) | आग्रह करना | āgrah karana |
| insultar (vt) | अपमान करना | apamān karana |
| invitar (vt) | आमंत्रित करना | āmantrit karana |
| ir (a pie) | जाना | jāna |
| | | |
| jugar (divertirse) | खेलना | khelana |
| leer (vi, vt) | पढ़ना | parhana |
| llegar (vi) | पहुँचना | pahunchana |
| llorar (vi) | रोना | rona |
| matar (vt) | मार डालना | mār dālana |
| mirar a … | देखना | dekhana |
| | | |
| molestar (vt) | परेशान करना | pareshān karana |
| morir (vi) | मरना | marana |
| mostrar (vt) | दिखाना | dikhāna |
| nacer (vi) | जन्म होना | janm hona |
| nadar (vi) | तैरना | tairana |
| negar (vt) | नकारना | nakārana |
| | | |
| obedecer (vi, vt) | मानना | mānana |
| odiar (vt) | नफ़रत करना | nafarat karana |
| oír (vt) | सुनना | sunana |
| olvidar (vt) | भूलना | bhūlana |
| orar (vi) | दुआ देना | dua dena |

## 30. Los verbos. Unidad 3

| | | |
|---|---|---|
| pagar (vi, vt) | दाम चुकाना | dām chukāna |
| participar (vi) | भाग लेना | bhāg lena |
| pegar (golpear) | पीटना | pītana |
| pelear (vi) | झगड़ना | jhagarana |
| pensar (vi, vt) | सोचना | sochana |
| perder (paraguas, etc.) | खोना | khona |
| perdonar (vt) | क्षमा करना | kshama karana |
| pertenecer a … | स्वामी होना | svāmī hona |

| poder (v aux) | सकना | sakana |
|---|---|---|
| poder (v aux) | सकना | sakana |
| preguntar (vt) | पूछना | pūchhana |
| preparar (la cena) | खाना बनाना | khāna banāna |

| prever (vt) | उम्मीद करना | ummīd karana |
|---|---|---|
| probar (vt) | साबित करना | sābit karana |
| prohibir (vt) | प्रतिबंधित करना | pratibandhit karana |
| prometer (vt) | वचन देना | vachan dena |
| proponer (vt) | प्रस्ताव रखना | prastāv rakhana |
| quebrar (vt) | तोड़ना | torana |

| quejarse (vr) | शिकायत करना | shikāyat karana |
|---|---|---|
| querer (amar) | प्यार करना | pyār karana |
| querer (desear) | चाहना | chāhana |
| recibir (vt) | पाना | pāna |
| repetir (vt) | दोहराना | doharāna |
| reservar (~ una mesa) | बुक करना | buk karana |

| responder (vi, vt) | जवाब देना | javāb dena |
|---|---|---|
| robar (vt) | चुराना | churāna |
| saber (~ algo mas) | मालूम होना | mālūm hona |
| salvar (vt) | बचाना | bachāna |
| secar (ropa, pelo) | सुखाना | sukhāna |

| sentarse (vr) | बैठना | baithana |
|---|---|---|
| sonreír (vi) | मुस्कुराना | muskurāna |
| tener (vt) | होना | hona |
| tener miedo | डरना | darana |

| tener prisa | जल्दी करना | jaldī karana |
|---|---|---|
| tener prisa | जल्दी में रहना | jaldī men rahana |
| terminar (vt) | ख़त्म करना | khatm karana |
| tirar, disparar (vi) | गोली चलाना | golī chalāna |
| tomar (vt) | लेना | lena |
| trabajar (vi) | काम करना | kām karana |

| traducir (vt) | अनुवाद करना | anuvād karana |
|---|---|---|
| tratar (de hacer algo) | कोशिश करना | koshish karana |
| vender (vt) | बेचना | bechana |
| ver (vt) | देखना | dekhana |
| verificar (vt) | जांचना | jānchana |
| volar (pájaro, avión) | उड़ना | urana |